말씀으로 채우는 일상고백
마태복음 묵상집 1

왕의 초대
나의 노래

말씀으로 채우는 일상고백
마태복음 묵상집 1

왕의 초대, 나의 노래

2023년 12월 22일 초판1쇄 인쇄

그림·묵상글	박유선
글	김소휘
윤문	정유정
교정	이은경
펴낸곳	하늘책
출판등록	2009년 8월 24일(제338-2009-000006호)
주소	부산광역시 해운대구 센텀동로 57 (부산디자인진흥원) 702-2호
전화	051-611-3970 **팩스** 051-611-3972

ISBN 978-89-97840-37-3
가격 13,500원

잘못된 책은 구입한 곳에서 바꾸어 드립니다.
이 책은 저작권법에 따라 보호받는 저작물이므로 무단 전재와 무단 복제를 할 수 없습니다.

말씀으로 채우는 일상고백
마태복음 묵상집 1

왕의 초대
나의 노래

하늘책

목차

01 신실하신 하나님 | 8
마태복음 1장 1-17절

02 말씀, 일하심의 통로 | 12
마태복음 1장 18-25절

03 같은 상황 다른 시선 | 16
마태복음 2장 1-12절

04 이루시는 하나님을 만나다 | 20
마태복음 2장 13-23절

05 회개에 합당한 열매 | 24
마태복음 3장 1-12절

06 주를 더욱 알기 원합니다 | 28
마태복음 3장 13절-4장 11절

07 나의 그물을 버리고 예수를 붙잡다 | 34
마태복음 4장 12-25절

08 진짜 복은 예수 그리스도의 복음 | 38
마태복음 5장 1-12절

09 세상의 소금 | 42
마태복음 5장 13-20절

10 먼저 손 내밀기 | 46
마태복음 5장 21-32절

11 사랑은, 붙잡고만 있는 것이 아니야 | 50
마태복음 5장 33-48절

말씀으로 채우는 일상고백 | 마태복음 묵상집 1
왕의 초대, 나의 노래

12 아버지께서 아시느니라 | 54
　　마태복음 6장 1-18절

13 구할 것은 바로 이것! | 58
　　마태복음 6장 19-34절

14 하나님이 보시는 나 | 64
　　마태복음 7장 1-12절

15 은혜로 열매 맺기 | 68
　　마태복음 7장 13-20절

16 참된 것을 보는 눈 | 72
　　마태복음 7장 21-29절

17 그분의 능력을 제한하지 말라 | 76
　　마태복음 8장 1-13절

18 제자, 그리고 제자의 길 | 80
　　마태복음 8장 14-22절

19 예수님을 인정할 때 | 84
　　마태복음 8장 23-34절

20 예수님이 오신 이유 | 88
　　마태복음 9장 1-13절

21 가둬둘 수 없는 복된 소식 | 92
　　마태복음 9장 14-26절

22 추수할 일꾼이 적구나 | 96
　　마태복음 9장 27-38절

23 권능을 주시니 천국 복음을 전파하라 | 102
    마태복음 10장 1-15절

24 내게 주신 참 소망 | 106
    마태복음 10장 16-23절

25 예수를 외치는 줄 알았는데… | 110
    마태복음 10장 24-33절

26 가장 빛나는 과녁 | 114
    마태복음 10장 34-42절

27 무엇을 보려고 나갔더냐 | 118
    마태복음 11장 1-10절

28 나를 주저앉게 하는 나 | 122
    마태복음 11장 11-19절

29 찔림에 무심하지 않게 하소서 | 126
    마태복음 11장 20-30절

30 안식일의 진짜 주인 | 130
    마태복음 12장 1-8절

31 슬픔의 깊이 | 134
    마태복음 12장 9-21절

32 모험을 떠날 용기 | 138
    마태복음 12장 22-30절

33 하나님만 선포하게 하옵소서 | 142
    마태복음 12장 31-37절

말씀으로 채우는 일상고백 | 마태복음 묵상집 1
왕의 초대, 나의 노래

34 새로운 관계로 초대 | 146
  마태복음 12장 38-50절

35 좋은 밭 | 152
  마태복음 13장 1-17절

36 가라지와 함께 살기 | 156
  마태복음 13장 18-30절

37 소리없이 스며들어 자라나다 | 160
  마태복음 13장 31-43절

38 좋은 것을 알아버렸어요 | 164
  마태복음 13장 44-58절

39 진리의 안경으로 보기 | 168
  마태복음 14장 1-12절

40 햇살 같은 오늘 | 172
  마태복음 14장 13-21절

41 또다시 잊어버리다 | 176
  마태복음 14장 22-36절

추천의 글 | 182

참고도서 | 190

신실하신 하나님

마태복음 1장 1-17절

"그런즉 모든 대 수가 아브라함부터 다윗까지 열네 대요
다윗부터 바벨론으로 사로잡혀 갈 때까지 열네 대요
바벨론으로 사로잡혀 간 후부터 그리스도까지 열네 대더라"
(마 1:17).

낳고, 낳고, 낳고 … 낳으니라
낳고, 낳고, 낳고 … 낳으니라
낳고, 낳고, 낳고 … 나시니라

성경에 기록된 족보의 이름을
하나하나 손가락으로
꼭꼭 눌러가며 읽었습니다.

갈대아 우르에서 시작된
한 사람의 미약한 발걸음이
결국은 나에게로 향해 있음에
심장이 두근거립니다.
그냥이 없는 하나님의 시간과 완전하신 계획,
지치지 않고 써내려가는 그 사랑의 시(詩)에
가슴이 일렁입니다.

들으라, 이스라엘! 여기 그대들의 왕이 계시다! 그는 요셉의 아들 예수로, 이분은 이스라엘의 보좌를 이을 유일한 적통이다. 기록이 이를 증명한다. 만일 의심이 생긴다면 찾아보라. 족보는 의문의 여지가 없다. 이분은 나사렛 예수, 유대인의 왕이시다! (스튜어트 K. 웨버)

머나먼 옛날, 하나님은 이방 땅 우르에서 흙먼지를 날리며 내디딘 아브라함의 가냘픈 발걸음을 어여삐 여기셨습니다. 그를 믿음의 조상으로 우뚝 세워주시고, 복의 근원이 되게 하셨습니다.

만군의 하나님 여호와의 마음에 합한 예배자 다윗을 기뻐하신 하나님은 그의 이름을 빛나게 해주시며, 그의 나라와 영원한 왕위를 언약하셨습니다.

세대가 바뀌고 세상이 변해 갈수록 이스라엘은 믿음의 빛을 잃어갔습니다. 그럼에도 신실하신 하나님은 언약의 당사자인 이스라엘의 불의와 반역에도 개의치 않으시고 약속을 지키셨습니다. 철석같은 하나님의 언약을 붙잡지 못하고 쉽사리 믿음을 저버리는 그들의 변덕에도 첫사랑은 흔들리지 않았습니다.

말라기 이후 사백여 년의 긴 침묵의 날들은 로마의 압제로 더 짙은 어둠을 자아내고 있었습니다.

절망.

그러나 정한 때가 도래하자 가히 짐작하기 어려운 하나님의 사랑이 펼쳐졌습니다. 섣부른 정욕에 눈이 뒤집혀 약속 하나 굳은 마음으로 지키지 못하고 등 돌린 타락한 피조물을 위해, 하늘을 가리는 죄로 말미암아 높이 세워진 담을 허물기 위해 그 아들 예수 그리스도를 보내주셨습니다.

창조주이신 그분이 낮고 낮은 비천한 인간의 몸을 덧입고 오신 것입니다. 높고 높은 영광의 보좌에서 유대 땅 갈릴리 나사렛 동네에 사는 한 여인의 자궁에 잉태되었습니다.

족보(族譜)는 신실하신 하나님의 변치 않는 마음입니다. 허망한 거짓 유혹에 속아 제 길을 찾아나선 미련한 인간을 향한 짝사랑의 구애 편지입니다. 시간 밖에 계신 그분이 시간 속을 걸어 오늘 우리에게 다가오는 사랑의 시(詩)입니다.

말씀, 일하심의 통로

마태복음 1장 18-25절

"요셉이 잠에서 깨어 일어나 주의 사자의 분부대로 행하여 그의 아내를 데려왔으나 아들을 낳기까지 동침하지 아니하더니 낳으매 이름을 예수라 하니라"(마 1:24-25).

나는 하나님의 말씀을
제대로 알아듣고 있을까요?

말씀에 순종한다고 한 일들이
하나님의 뜻이 아닌
나의 생각과 경험의 결과물은 아닐까요?

말씀 앞에서, 먼저 순결하기를 기도합니다.
그 말씀 품고 하나님을 향해 걷기를 기도합니다.

꿈에서 깬 요셉은 꿈의 메시지를 매우 엄중하게 받아들인다. 두려움을 물리치고 담대하게 주의 사자의 명령에 순종하기로 결단한다. '율법의 차원'을 넘어 '믿음의 차원'에 자신을 던졌다. 전자는 다만 마리아가 수치를 당하지 않도록 최대한 보호해주는 것이다. 하지만 후자는 마리아의 운명에 자신의 운명을 묶는 것이다. (묵상과 설교)

뜻밖에 전해진 마리아의 임신 소식에 요셉의 마음은 어지러워졌습니다. 사랑하는 여인, 생각만 해도 가슴 벅찬 이름 마리아. 그녀와의 행복한 결혼을 꿈꾸며 마음을 다해 기도한 시간이 한순간에 툭! 물거품이 되고 말았습니다.

듣고도 믿기지 않는 그녀의 대담한 행동에 가슴이 철렁 내려앉고, 마치 물 밖으로 나온 물고기처럼 숨이 가빠옵니다. 마음 깊이 연모했기에 감출 수 없는 실망과 배신감으로 피가 거꾸로 솟는 것 같습니다. '아니, 어떻게 나에게 이런 일이 닥칠 수 있단 말인가?' 타락한 마음에 솟구치는 원망의 화살이 어느새 손에 잡힙니다.

매서운 찬바람이 부는 것도 아닌데, 감출 수 없는 분노로 온몸이 부들부들 떨립니다. 쉽사리 받아들이기 힘든 현실에 익숙한 대패질도, 능숙했던 망치질도 엇나가기 일쑤입니다. 손에 잡히지 않는 일을 멈추니 코끝으로 잔잔히 나무 내음이 스칩니다. 이미 틀어진 나무라면 되돌릴 수 없습니다.

의로운 요셉은 마침내 마리아를 위한 결단을 합니다. '그래. 조용히 놓아주어야겠다.' 몇 날을 잠 못 이루며 고뇌하던 생각의 매듭을 그제서야 내려놓습니다. 이것이 지금 내가 할 수 있는 최선의 선택이라면 "하나님, 하나님께 맡기겠습니다." 나지막한 고백이 터져 나옵니다.

그날 밤, 하나님의 사자는 요셉의 헝클어진 마음을 어루만져 주었습니다. "다윗의 자손 요셉아, 두려워하지 말고, 마리아를 네 아내로 맞아 들여라. 그 태중에 있는 아기는 성령으로 말미암은 것이다." 의문은 걷혔고 마리아를 맞이할 명분은 분명해졌습니다. 잠이 깬 요셉은 지체 없는 순종으로 응답했습니다.

"주여, 주님의 뜻을 이루소서."

같은 상황
다른 시선

마태복음 2장 1–12절

"… 동방에서 보던 그 별이 문득 앞서 인도하여 가다가
아기 있는 곳 위에 머물러 서 있는지라
그들이 별을 보고 매우 크게 기뻐하고 기뻐하더라"(마 2:9-10).

예수의 나심이
헤롯 왕에게는 두려움이었고,
동방 박사들에게는 넘치는 기쁨이었습니다.
예수의 나심으로
헤롯은 극악의 길로 향했고,
동방 박사들은 구원의 빛을 따랐습니다.

같은 상황을 바라보는 다른 시선이
묵직하게 다가옵니다.
나의 시선은 어디로 향하고 있을까요?

우리는 동방 박사를 통해서 어떻게 예수께 경배해야 하는가를 배울 수 있습니다. … 동방 박사들은 죽음을 무릅쓰고 모든 것을 포기하고 먼 길을 찾아왔습니다. 예배란 하나의 종교의식이 아니고 생명을 바쳐 하나님을 만나는 결단이요, 헌신입니다. 동방 박사들은 예언대로 유대인의 왕으로 나신 인류의 메시야를 경배하기 위해 생명을 바치고 모든 것을 포기하고 먼 길 베들레헴까지 왔습니다. (하용조)

도대체 유대인 왕이 누구시기에 동방 박사들은 생명을 건 모험을 나섰을까요? 그분이 어떤 분이시기에 온갖 위험과 고난을 마다하지 않고 험한 여정을 떠나게 한 것일까요?

"유대인의 왕으로 나신 이가 어디 계시냐 우리가 동방에서 그의 별을 보고 그에게 경배하러 왔노라."

동방에서 찾아온 낯선 이방인의 외침으로 예루살렘에 한바탕 소동이 일어났습니다. 하나님의 일하심에는 감추임이 없습니다. 예루살렘에 귀 있는 자라면 누구라도 메시야 탄생의 소식을 듣게 되었습니다.

유대의 왕이 탄생했다는 소식에 늙은 헤롯 왕의 마음은 어지러워졌습니다. 그는 왕위를 지키기 위해서라면 가족마저 잔혹하게 살해하기를 주저하지 않았습니다. 그런데 유대인의 왕이 태어나다니, 피를 봐야 할 이유는 명확했습니다. 어떻게 지켜온 자리인데 허투루 내어줄 수 있겠습니까? 하나님을 알지 못하고 자신을 경배하는 인간의 완악한 집착이 고개를 들었습니다.

그 무렵, 예루살렘을 떠나 베들레헴에 도착한 동방 박사들의 기나긴 여정은 끝에 이르렀습니다.

"그들이 별을 보고 매우 크게 기뻐하고 기뻐하더라."

드디어 아기 예수님을 만났습니다. 얼마나 가슴이 뭉클하고 떨렸을까요? 잠시 눈을 감고 그 떨림이 내게도 있는지 헤아려 봅니다. 공손히 엎드려 경배하는 그들의 몸짓에 하나님을 예배하는 자세를 배웁니다. 정성스럽게 준비한 예물은 더없이 지극한 그들의 마음입니다. 주님, 주를 온전히 경배하길 원합니다. 드릴 것이 없어 내 삶 전부를 주님께 드립니다.

이루시는
하나님을
만나다

마태복음 2장 13-23절

이루시는 하나님을 만납니다.

희미한 그림자로만 보이던 말씀이
어느새 선명한 실체로 다가옵니다.
수시로 엄습하는 두려움과 염려 앞에서
속절없이 세상을 기웃거리는 순간에도
하나님은 나를 향한 약속을 이루고 계십니다.

친히 이루시는 하나님의 언약 위에
내 연약한 믿음을 살며시 올려드립니다.

"나사렛이란 동네에 가서 사니
이는 선지자로 하신 말씀에 나사렛 사람이라 칭하리라
하심을 이루려 함이러라"(마 2:23).

나사렛은 좋은 평판을 받지 못하는 동네였다. … 예수님께서는 강한 확신을 갖고 자기 주위를 둘러싼 유혹으로부터 자신을 지켜가는 가운데, 그러한 환경을 통해 주위에 있는 병들고 죄 많은 사람들을 이해하고 불쌍히 여기는 법을 배워나갔다. 사회로부터 버림받은 사람들과 함께 식사를 나눌 수 있는 그분의 능력은 하루아침에 길러진 것이 아니다. 요셉이 가족들과 함께 이스라엘로 갑자기 돌아오게 된 것이 우연인 것처럼 보이지만, 하나님께서는 그 모든 사소한 것들에도 목적을 갖고 계셨다. (스튜어트 K. 웨버)

거스를 수 없는 하나님의 역사 앞에 헤롯의 어리석은 분노마저 그분의 뜻을 이루는 도구로 사용되었습니다. 불의한 왕은 동방의 순례자들이 아기 예수를 경배하고 떠났다는 소식을 듣고 잔혹한 속내를 여지없이 드러냈습니다.

분노한 왕은 어린 생명을 죽이는 데 일말의 망설임도 죄책감도 보이지 않습니다. 라마에서 들려오는 생때같은 자식을 잃은 어미의 처절한 통곡 소리는 그의 귓전에 들리지도 않습니다.

"일어나 아기와 그의 어머니를 데리고 이스라엘 땅으로 가라 아기의 목숨을 찾던 자들이 죽었느니라."

헤롯의 비참하기 그지없는 죽음에 나의 마음 한 켠이 '쿵' 하고 내려앉습니다. 차마 드러내어 놓고 말하지 못했던 속내가 적나라하게 드러났기 때문입니다. 왕처럼 살고픈, 하나님의 간섭 없이 내 마음대로 살고픈, 두 손 가득히 정욕을 움켜쥔 손이 비로소 허망한 길이었음을 깨달았기 때문입니다.

자격 없는 자에게 거저 주신 구원의 은혜로 살아가지 못하고 앵무새처럼 입술로만 하나님을 읊조리고 있는 나, 믿음마저 스스로 지키려는 미련한 나를 마주합니다.

요셉은 헤롯이 죽었다는 소식을 듣고도 선뜻 발걸음을 떼지 못합니다. 하나님은 그 두려움마저 '나사렛 사람 예수'라 칭하는 말씀이 이루어지는 도구로 사용하셨습니다. 하나님은 우리의 연약함마저도 섭리의 도구로 삼으시고, 우리의 넘어짐에도 넉넉히 이루시는 만군의 하나님이십니다.

회개에
합당한 열매

마태복음 3장 1-12절

'아직도 회개할 것이 남아 있을까?'
발칙한 생각을 한 적이 있습니다.

회개의 기준도, 용서의 주체도
스스로 탐하고 있는 나는
요한이 말한 독사의 자식,
위선의 탈을 쓴 종교인이 아닌지…
삶의 주권을 하나님께 내어드리기가
여전히 어렵습니다.

오늘도 죄인의 모습으로 십자가를 바라볼 때,
회개에 합당한 열매가 내게도 맺히기를
무릎 꿇고 기도합니다.

"요한이 많은 바리새인들과 사두개인들이
세례 베푸는 데로 오는 것을 보고 이르되
독사의 자식들아 누가 너희를 가르쳐
임박한 진노를 피하라 하더냐
그러므로 회개에 합당한 열매를 맺고
속으로 아브라함이 우리 조상이라고 생각하지 말라
내가 너희에게 이르노니
하나님이 능히 이 돌들로도
아브라함의 자손이 되게 하시리라"
(마 3:7-9).

"'회개에 합당한'이란 말은 그 무게와 가치에 상응하는 것이라는 뜻입니다. 즉, 회개의 무게와 가치에 상응하는 행동을 하라는 뜻입니다. 회개는 내게 그렇게 해야 한다는 당위성도 있습니다만, 내가 그렇게 하지 않으면 견딜 수 없는 자발적인 것도 있습니다. 그러므로 지적으로 죄를 인정하고, 감정적으로 죄에 대해서 애통해하고, 의지적으로 죄에서 돌이키는 구체적인 행동을 하는 것, 이것이 바로 회개에 합당한 일을 행하는 것입니다." (하용조)

세례 요한의 호된 질책 앞에 바리새인과 사두개인은 저도 모르게 가슴이 움찔합니다. 하지만 그것도 잠시, 부끄러움보다 과해 보이는 그의 언사에 심사가 뒤틀립니다.

큰소리로 윽박지르는 요한의 마음씀이는 무엇일까요? 그의 결연한 외침에 담긴 속뜻은 무엇일까요? 스스로 '죄 없다' 여기고 '아브라함의 자손'이라는 특권의식에 사로잡혀 있는 차가운 유대 종교인들에게 회개할 것을 촉구하는 사랑의 외침이 아니었을까요?

회개. 지난날 십자가 아니면 소망 없는 인생이기에 두 주먹으로 가슴을 치며 용서해달라고 눈물로 자비와 긍휼을 구했습니다. 제 고집대로 살아온 염치없는 인생이지만 "주님, 살려주세요." 부르짖었습니다.

나의 죄를 사하시려고 가시 면류관을 머리에 쓰신 예수님, 무자비한 채찍질에 찢긴 몸으로 무거운 십자가를 지신 예수님, 한 걸음도 내딛기 힘든 숨찬 핏걸음으로 갈보리 언덕에 오르신 나의 구주. 발가벗겨진 채, 두 손과 발에 쇠못이 박히고 끝내 인간이 내지른 날카로운 창에 창조주의 몸이 뚫렸습니다.

십자가는 결코 가벼운 몸짓이 아니라 죄의 무서움이 무엇인지 보여주는 실체이자, 독생자 예수 그리스도를 대속제물로 내어주신 하나님의 사랑을 보여주는 증거입니다.

그 사랑이 남긴 흔적을 헤아려 봅니다. 피흘림을 가져오는 죄의 무서움에 몸서리친 절박한 몸부림이 남긴 회개의 열매를 말입니다. 나의 회개가 한바탕 감정놀이로 끝나지 않았음을 감사하며, 더 많은 열매를 맺기 위해 십자가를 묵상해 봅니다.

주를 더욱 알기 원합니다

마태복음 3장 13절-4장 11절

"예수께서 대답하여 이르시되 기록되었으되 사람이 떡으로만 살 것이 아니요
하나님의 입으로부터 나오는 모든 말씀으로 살 것이라 하였느니라 하시니"(마 4:4).

나는 말씀을
무엇이라 여기며 살았을까요?

행여나 말씀을 깨달을 때마다
자랑만 켜켜이 쌓았던 것은 아닌지
되돌아봅니다.

하나님, 말씀에 눈이 열리게 하소서.
헛된 유혹과 허탄한 영광을 물리치고
오직 주님만 바라보기 원합니다.

내 이름을 알리고, 내 능력을 인정받는 것을 좋아하지 마십시오. 예수님도 이 땅에서는 흠모할 만한 고운 것이 없으셨습니다. … 여러분은 예수님을 믿으면서도 자꾸 인생의 목적이 세상적 행복이라고 하면 안 됩니다. 아직도 눈에 보이는 행복을 좋아하고, 인정받는 것에 목말라합니다. 예수님은 말씀으로 이 세상은 경배의 대상이 아니라 하나님만이 경배의 대상이라고 가르쳐 주십니다. (김양재)

잠시 눈을 감고 광야에 서 봅니다. 그리고 시험받고 계신 예수님을 묵상해 봅니다. 한낮의 뜨거운 태양 아래서 예수님이 바라본 것은 무엇일까요? 차가운 밤공기를 맞으며 무엇을 기도하셨을까요? 밝아오는 새벽을 맞이하며 어떤 생각에 잠기셨을까요?

척박한 광야, 홀로 시험을 받으시는 예수님의 거친 숨결과 몸짓에 숨이 막혀옵니다. 하나님의 아들이신 예수님이 왜, 무슨 이유로 시험을 받으셔야 하는지 그 시험 안에 숨겨진 의미가 무엇인지 좀처럼 정리되지 않습니다. 모든 것이 나에게는 온통 의문투성이로 다가옵니다.

며칠이 지나고서야 깨달음이 문을 두드립니다. 시험을 이겨내지 못하고 번번이 유혹에 넘어진 타락한 자아가 제멋대로 성을 쌓고 문턱을 높이고 있었습니다. 기민한 죄의 뿌리는 내면 깊은 곳에 은밀하게 똬리를 틀고 호시탐탐 반역의 틈을 찾고 있습니다.

"사람이 떡으로만 살 것이 아니요." 결핍은 마음의 주소를 들여다보게 합니다. '나의 필요를 어떻게 채울 것인가?'

"너희 하나님을 시험하지 말라." 의심은 관계의 주소를 들여다보게 합니다. '나는 누구를 의지하고 있는가?'

"주 너의 하나님께 경배하고 다만 그를 섬기라." 영광은 영혼의 주소를 들여다보게 합니다. '내 삶의 진짜 주인은 누구인가?'

저 멀리 굳건히 서 계신 예수님, 사탄이 쏜 빳빳한 화살은 하릴없이 허공을 가릅니다. 말씀으로 무장한 그분 앞에서는 육신의 배고픔도 마음의 갈등도 헛된 영광의 제안도 모두 무용지물입니다.

주를 더 알기 원합니다. 이제 나의 광야로 나아갑니다. 채비는 단 하나 기록된 "말씀"이면 충분합니다.

"잘 들어보아라!
 전령 천사들이 찬송한다"

잘 들어보아라! 전령 천사들이 찬송한다.
"새로 나신 왕께 영광, 땅에는 평화,
하나님과 화해한 죄인들에게는 자비!"
너희 모든 열방들아, 기뻐하며 일어나
하늘의 개선가에 동참하라.
천군 천사가 외친다.
"그리스도가 베들레헴에서 나셨다!"고,
잘 들어보아라! 전령 천사들이 찬송한다.
"새로 나신 왕께 영광!"

지극히 높은 하늘의 찬송을 받으실 그리스도.
영원하신 주, 그리스도.
때가 되어, 이 땅에 오신 그를 보라.
동정녀의 태에서 나신 분.
육신의 베일에 가린 하나님을 보라.
육신이 되신 하나님을 반갑게 맞이하라.

사람이 되어 사람과 함께 거하기를 기뻐하신
우리의 임마누엘, 예수.
잘 들어보아라! 전령 천사들이 찬송한다.
"새로 나신 왕께 영광!"

하늘에서 나신 평강의 왕을 반갑게 맞이하라!
의의 아들을 반갑게 맞이하라!
모든 사람에게 빛과 생명을 주시고,
그의 날개로 품어 치유하신다.
자신의 모든 영광을 버리시고,
사람이 이제 더 이상 죽지 않게 하기 위해 나셨고,
땅의 아들들을 살리시기 위해 나셨습니다.
잘 들어보아라! 전령 천사들이 찬송한다.
"새로 나신 왕께 영광!"

— 찰스 웨슬리(1707-1788)

나의 그물을 버리고
예수를 붙잡다

마태복음 4장 12-25절

"말씀하시되 나를 따라오라
내가 너희를 사람을 낚는 어부가 되게 하리라 하시니
그들이 곧 그물을 버려 두고 예수를 따르니라"(마 4:19-20).

"내가 너희를 사람을 낚는 어부가 되게 하리라."
예수님의 말씀에 밤새 움켜쥐었던 그물을 내려놓습니다.

항거(抗拒)할 수 없는 부르심 앞에
찰나의 망설임도 없이
빈손으로 그분을 따릅니다.

버려두고 따르면 되는 제자의 길,
주님의 부르심에 흔쾌히 따라나서봅니다.

> 그리스도를 올바로 따르려는 자들은 반드시 모든 것을 버려 두고 그를 따라야 한다. 그리스도인은 누구든지 애착을 갖는 모든 것을 버려 두어야 하며, 모든 것에서 떠나야 하며, 자기 부모와 처자와 형제와 자매와 더욱이 자기 목숨까지 미워해야 하며(눅 14:26), 그리스도보다 덜 사랑해야 하며, 그리스도를 위하여 그들을 버려 둘 준비를 갖추어야 한다. … 그 일은 전인(全人)의 헌신을 요구하는 것이다. (매튜 헨리)

베드로와 안드레는 형제이며 어부였습니다. 비록 고단한 어부의 삶이었지만 무거운 짐을 함께 나눌 수 있었기에 서로 위안이 되었을 것입니다. 형제의 우애는 거친 파도에 맞서 날로 깊어져 갔을 테지요. 서로의 눈빛만 보아도 척척 맞는 손발에 힘든 가운데에도 웃음이 끊이지 않았을 것입니다.

제일 먼저 만선의 기쁨을 나누고 때로는 형편없는 고기잡이에 실망이 밀려올 때면, 형이 먼저 동생이 먼저 내일을 기약하며 다독였을 겁니다. 원래 형제란 그런 것입니다. 서로를 거울삼아 오늘의 어려움을 견디며 내일의 희망찬 꽃을 함께 피우는 것입니다.

비록 생계를 위한 고기잡이였지만 궂은 날씨만 아니라면 성실히 그 자리를 지켰습니다. 그날도 베드로와 안드레는 몸에 밴 익숙한 몸놀림으로 부지런히 그물을 내리고 걷어 올리며 고기잡이에 여념이 없었습니다. 저 멀리 예수님이 바라보고 계신 것도 모른 채 말입니다.

아마 예수님은 꽤 오랜 시간 동안 두 형제를 바라보고 있었을 겁니다. 그러던 어느 순간 가쁜 숨을 내쉬기 위해 허리를 펴고 주변을 둘러보던 베드로와 안드레는 물끄러미 자신들을 바라고 계시는 예수님과 눈길이 마주쳤습니다.

그때 잔잔한 파도를 뚫고 주님의 음성이 들려왔습니다. "나를 따라오라. 내가 너희를 사람을 낚는 어부가 되게 하리라." 주님의 부르심에 두 형제는 두말없이 그물을 버려두고 육지로 올라와 예수님을 따랐습니다. 영혼 깊이 울리는 거부할 수 없는 메시야의 부르심에 지체없이 순종한 것입니다. 손에 잡고 있던 고기 그물을 버리고 예수 그리스도를 붙잡은 것입니다.

"나로 말미암아
너희를 욕하고 박해하고
거짓으로 너희를 거슬러
모든 악한 말을 할 때에는
너희에게 복이 있나니 기뻐하고 즐거워하라
하늘에서 너희의 상이 큼이라
너희 전에 있던 선지자들도
이같이 박해하였느니라"
(마 5:11–12).

하루를 시작하며
나의 만족과 유익을 위해 간구했습니다.
그런 나에게 예수님은 진짜 '복'에 대해 말씀하셨습니다.

나 때문에 욕을 먹고 있니?
나 때문에 박해를 받고 있니?
나 때문에 악한 말을 듣고 있니?
그런 너에게 복이 있단다.

나를 위한 십자가…
예수님이면 충분합니다.

진짜 복은 예수 그리스도의 복음

마태복음 5장 1-12절

예수님은 영원히 삶을 변화시키기 위해서 이 설교를 하셨다. 그분의 관심사는 예나 지금이나 우리가 세상 체계와 완전히 반대로 사는 것이었다. 그분은 당신의 추종자들이 뼛속까지 당신을 닮아 세상과 다르게 사는 신성한 소수자가 되기를 바라신다. (찰스 스윈돌)

다음 글은 김양재 목사님의 책에서 발췌한 글입니다.

팔복 말씀을 거꾸로 풀어 놓으면 이렇게 됩니다. "심령이 부유한 자는 화가 있나니 지옥이 저희 것임이요. 죄 때문에 애통하지 않은 자는 화가 있나니 위로받지 못할 것임이요. 혈기 부리는 자는 화가 있나니 땅을 얻지 못할 것이요. 자기 의를 자랑하는 자는 화가 있나니 저희가 배고플 것이요. 긍휼히 여기지 않는 자는 화가 있나니 긍휼히 여김을 받지 못할 것임이요. 더러운 자는 화가 있나니 하나님을 보지 못할 것임이요. 분열케 하는 자는 화가 있나니 사탄의 자식이라 일컬음을 받을 것임이요. 핍박받지 않는 자는 화가 있나니 지옥이 저희 것임이라."

산상수훈의 말씀은 선뜻 이해하기도 받아들이기도 힘든 말씀입니다. 예수님의 가르침은 언제나 나의 생각을 뒤집어 놓습니다. 복음에 눈이 열리고 사로잡히지 않으면, 도저히 이해할 수 없는 말씀입니다. 그러나 복음에 눈뜨는 순간, 모든 말씀은 올곧은 생명의 지침이 됩니다. 세상의 상식으로는 고개를 내저었던 길이 진짜 복의 길이 됩니다.

가난한 심령으로 주님 앞에 나아가는 기쁨을 알게 하신 그분은 애통하는 마음으로 무릎 꿇을 때 만나 주셨습니다. 온유한 마음으로 헝클어진 일상을 대할 힘을 주시고, 의를 바라보는 믿음도 선물로 주셨습니다. 긍휼한 마음으로 살아갈 때 마음은 더욱 깨끗해지고, 모든 사람과 화평을 구할 때 박해를 견딜 수 있는 힘을 공급해 주셨습니다.

복음은 단단히 닫힌 죄인의 가슴을 활짝 엽니다. 예수 그리스도를 믿는다는 이유로 세상의 오해와 미움의 손가락질을 받을 때, 십자가 복음은 더욱 선명해집니다. 참 소망이 주는 벅찬 감동이 있습니다. 그 신비에 사로잡힌 날들이 매일 소중하기만 합니다.

세상의 소금
마태복음 5장 13-20절

찬장 속에 여러 가지 소금이 있습니다.
입자도 염도도 달라서 각기 다른 짠 맛을 냅니다.

나물을 무칠 때, 생선을 절일 때,
고기를 구울 때, 장을 담글 때…
용도는 다르지만 목적은 오직 하나.
'제대로 맛을 내자!'

세상의 소금인 우리도 제 맛을 내야합니다.
세상이 악에 변질되지 않도록,
천국처럼 살맛 나는 세상이 되도록!
나는 맛을 제대로 내는 예수의 소금이길 바라봅니다.

"너희는 세상의 소금이니
소금이 만일 그 맛을 잃으면
무엇으로 짜게 하리요
후에는 아무 쓸 데 없어
다만 밖에 버려져
사람에게 밟힐 뿐이니라"(마 5:13).

소금이 제대로 쓰임을 받으려면 누구하고든 섞이고 어울릴 수 있는 편한 존재가 되어야 합니다. 공주 소금, 왕비 소금, 귀족 소금은 쓸 데가 없습니다. 소금은 자신을 드러내지 않고 녹아져서 그 역할을 합니다. 소금이 된다는 것은 어떤 일을 하든지 나를 드러내지 않는 자기희생입니다. 그런데 어디에서도 녹아지지 않고, 연합도 안 되고, 혼자 딱딱하게 굳어 있는 한 알갱이 소금이라면 버리워 밟힐 수밖에 없습니다. (김양재)

소금.

짠맛을 내는 무색의 결정체로 음식을 만드는 데 빠질 수 없는 조미료 중 한 가지. 하루 섭취량 6g. 동물의 생명 유지에 반드시 필요한 물질로 물만큼이나 중요함. 그러나 식물에게는 치명적일 수 있음. 소금이 모여 있는 바다의 평균 염도는 3.5%. 하천에서 흘러 들어오는 모든 불순물을 정화시켜 다시 돌려보냄. 소금의 다양한 쓰임새는 무려 14,000여 가지. 그러나 짜지 않으면 무용지물인 쓰레기.

예수님은 '세상의 소금'으로 살아가라 말씀하십니다. 이 세상에 없어서는 안 될 꼭 필요한 존재로 살아가라는 것이겠지요.

먼저 내가 제 맛나는 소금이 되어야 합니다. 하루하루 일상이 말씀으로 정결해지고 기도로 단단해져야 합니다. 그리고 맛을 잃지 않기 위해 매순간 죄와 맞서야 합니다. 비록 이 세상 한 켠에 자리를 잡고 살아가지만, 결코 이 세상에 속하지 않는 구별된 삶을 살아가야 합니다.

하나님, 맛 나는 소금이 되어 내가 발 딛고 있는 곳이 더 이상 죄로 오염되지 않도록, 죄가 번성하지 못하도록, 죄로 썩어가지 않도록 결연히 맞서겠습니다. 하나님의 사랑으로 녹아 이웃과 공동체가 참된 기쁨을 맛보게 하겠습니다. 믿음의 염도를 지켜 세상의 방부제와 치료제 역할을 하며 감칠맛 나는 만난 조미료로 살아가겠습니다. 어깨 들썩이는 흥겨움은 없을지라도 소중한 존재로 살아가겠습니다. 이기적인 사랑에 몸살을 앓고 있는 이 시대에 소망의 소금이 되겠습니다.

먼저 손 내밀기
마태복음 5장 21-32절

알고 있어요.
내가 먼저 손 내밀어야 한다는 것을.

그런데 나는
그러고 싶지 않아요.
여전히 마음에 남은 미움이, 자존심이
나를 붙들고 있습니다.

나를 힘들게 한 사람에게 받은 상처보다
여전히 용서하지 못하고 있는 내 모습이
더 아프게 다가옵니다.
언제쯤이면 이 고집을 꺾고
기꺼이 손을 내밀 수 있을까요?

"그러므로 예물을 제단에 드리려다가 거기서 네 형제에게 원망들을 만한 일이 있는 것이 생각나거든 예물을 제단 앞에 두고 먼저 가서 형제와 화목하고 그 후에 와서 예물을 드리라"(마 5:23-24).

우리는 다른 사람의 영혼을 소중하게 생각해야 합니다. 그러면 그 사람이 마음을 열게 됩니다. … 아무도 미워하지 말기로 결심하십시다. 다른 사람의 허물을 덮는 데 조금도 주저하지 맙시다. … 용서를 비는 데 주저하지 마시기 바랍니다. 그리고 용서하는 데 아까워하지 마십시오. 그래야 하나님께서 우리를 온전히 축복하실 것입니다. (김서택)

언제부터인지 용서를 하기도, 용서를 구하기도 힘든 현실을 살아가고 있습니다. 나에게 애써 용기를 내어 찾아온 상대를 외면해 겸연쩍게 만들고 맙니다. 그러다 내가 용서를 구하기 위해 찾아가야 하는 상황이 되면, 이런저런 핑계를 대며 막연히 시간을 보내다 끝내 기회를 놓쳐버립니다.

좋았던 관계는 어느새 소원해지고 친밀함은 한순간에 서먹한 관계로 변합니다. 화해는 찾아볼 수 없고 서로에 대한 원망만 자리를 채웁니다. 멀어진 관계에서는 그 원망마저 혼자 중얼거리는 울림이 되고 맙니다. 어디 그뿐입니까? 누군가에게 원망받을 일을 행하고도 태연한 척하며 "나는 원래 이런 사람이야." 이런 말도 되지 않는 억지를 쓰며 오히려 대범한 척합니다. 더 우스운 것은 그런 사람일수록 상대에 대한 원망에는 필요 이상의 강경한 몸짓으로 대응합니다. 이 모든 것의 시작은 죄입니다. 타락한 인간의 자기애(自己愛)가 불러온 슬픈 풍경입니다.

지금 우리에게는 용서의 기술이 필요합니다. 이것저것 계산할 것 없이 내가 먼저 손을 내밀어야 합니다. 상대의 고통을 면밀히 헤아려야 합니다. 사랑으로 문을 두드리고 찾아가 그 사람이 소중한 존재임을 알려 주어야 합니다.

그리스도인들은 예배를 중요히 여깁니다. 그러나 영혼을 귀중히 여기지 않는 마음으로 드린 예배를 과연 하나님이 기뻐할까요? 나로 인해 누군가의 가슴이 아프다면, 고통받고 있다면 나의 예배가 무슨 소용이 있겠습니까?

오늘 내가 찾아가야 할 형제를 향한 발걸음을 바삐 움직여 봅니다. 용서를 구하는데 주저하지 않고 원망을 푸는데 망설이지 않겠습니다. 형제 사랑이 곧 하나님 사랑의 실천입니다.

사랑은,
붙잡고만 있는 것이
아니야

마태복음 5장 33-48절

어떻게 그 사람을 사랑할 수 있습니까?
이미 원수가 되었는데…

어떻게 그 사람을 위해 기도할 수 있습니까?
남은 건 미움밖에 없는데…

예수님을 사랑한다고 고백하지만
예수님처럼 사랑하기는 싫은가 봅니다.

"나는 너희에게 이르노니
너희 원수를 사랑하며 너희를 박해하는 자를 위하여 기도하라.
너희가 너희를 사랑하는 자를 사랑하면 무슨 상이 있으리요
세리도 이같이 아니하느냐"(마 5:44, 46).

악을 선으로 갚는다는 것은 너무나 어렵고, 육체의 성향과 정반대되는 것이다. 그러나 우리가 악하고 연약하다는 사실은 변명이나 핑곗거리가 될 수 없다. 우리는 단지 사랑의 율법이 우리에게 무엇을 요구하는지만 물어야 한다. 왜냐하면, 우리가 하늘의 성령의 능력을 의지한다면, 우리는 우리 속에서 그 율법에 반대하는 모든 것과 싸워 이기게 될 것이기 때문이다. (칼빈)

"원수를 사랑하라."는 예수님의 말씀에 두말 못하고 고개가 숙여지는 것은 내가 바로 하나님의 원수였기 때문입니다. 하나님의 사랑은 놀랍기 그지없습니다. 깊이를 가늠할 수 없는 숭고한 사랑입니다. 어찌 원수가 된 죄인들을 사랑하시되, 그 아들을 보내셔서 죗값을 치르게 하신 것일까요? 감히 상상할 수 없는 그 사랑 앞에 서니 용서 못할 사람이 없습니다. 다만 내가 누군가의 원수로 살아가고 있지는 않는지 두렵습니다.

박해하는 자를 위해 기도하신 예수님을 생각하니, 막힘없이 나오던 기도가 일순간에 멈춥니다. 나를 박해하는 자를 위해 기도해

본 적이 없기 때문입니다.

골고다 언덕에서 당신의 손과 발에 못을 박고 있는 로마 병정을 예수님은 어떤 눈길로 바라보셨을까요? 그를 위해 기도하시는 예수님이 그 눈길로 나를 보십니다. 그 시선을 마주하니 온몸에 전율이 흐릅니다. 내가 바로 그 핍박자, 무지한 죄인이 망치를 들고 천연덕스럽게 구원자를 못박았습니다. 예수님은 그런 나를 구원하기 위해 하늘 아버지께 기도하신 것입니다.

예수님의 사랑은 헛된 것을 붙잡고 살아가는 원수 같은 나를 십자가로 이끕니다. 잔뜩 움켜쥐고 있던 것을 놓게 하고, 두려움으로 닫혀 있던 마음을 열게 합니다. 열린 손으로 예수님의 손을 맞잡으면 나의 정체성은 더욱 분명해집니다. 반역을 일삼던 일상의 발걸음이 순종을 향한 발돋움이 됩니다. 예수님이 지신 십자가는 나의 십자가가 되고 겟세마네의 기도는 나의 기도가 됩니다. "나의 원대로 마시옵고 아버지의 원대로 하옵소서." 사랑하고 용서하며 기도하는 새로운 삶을 붙잡게 합니다.

"그러므로 그들을 본받지 말라 구하기 전에 너희에게 있어야 할 것을 하나님 너희 아버지께서 아시느니라"(마 6:8).

아버지께서 아시느니라

마태복음 6장 1-18절

하나님 말귀를 잘 알아들으면 좋겠습니다.
답답한 마음에 얼른 수화기를 들고
하나님께 직접 물어보고 싶어집니다.

그런데 이런 마음도 결국
내가 주인 되고 싶은 교만임을 깨닫습니다.
기대하며 기다리기 보다
몸이 달아 서두르는 내 모습은
믿음 없음을 적나라하게 보여줍니다.

나의 필요를 다 아시는 하늘 아버지를
오늘은 잠잠히 기다려보겠습니다.

사실 기도는 하나님의 계획이나 의지를 바꾸는 것이 목적이 아니다. 기도하면서 우리의 생각과 가치와 의지와 계획 등을 하나님의 말씀에 따라 바꿔 가는 것이 가장 큰 목적이 되어야 한다. 예수님도 겟세마네 동산에서 몇 번이나 하나님께 잔(죽음)을 옮겨달라고 기도하셨지만, 결국 그분의 마음을 하나님의 뜻에 따라 정리하고 십자가로 나아가셨다. 기도는 이런 것이다 (송병현)

사라는 조급함으로 웃음을 잃었지만 이삭의 잉태로 웃음을 되찾았습니다. 홍해를 건넌 이스라엘 백성이 마라에서 내뱉았던 불평과 원망은 이내 엘림의 열 두 샘물과 일흔 그루의 종려나무로 가려졌습니다.

나의 모든 필요를 아시는 전능하신 하늘 아버지, 그분을 깊이 묵상하며 온전히 신뢰하는 가운데 드리는 기도는 어떤 기도일까요? 나를 나보다 더 잘 알고 계시는 하나님이 세밀히 내 삶을 조율하시고 계신 것을 믿으며, 기도의 자리에 나아갈 때 어떤 기도를 드리게 될까요?

새삼 나의 기도가 주님으로부터 엄한 책망을 받았던 위선 가득한 바리새인의 기도와 다를 바 없음을 알게 됩니다.

"하나님, 제발 주세요. 빨리 주세요." "하나님, 이것도 저것도 필요합니다." "하나님, 아직도 응답하지 않으시면 어떻합니까?" "하나님, 왜 안 주시는 거죠. 혹 능력이 없으신가요? 그럼, 할 수 없죠. 내가 해결하는 수밖에……." 기도를 빙자한 겁 없는 말로 하나님 앞에 죄를 쌓아왔습니다.

'기도란 자기 신앙의 자화상이다.'라고 합니다. 그렇습니다. 이제 나를 넘어선 기도 훈련이 필요합니다. 나의 모든 필요를 아시는 전능하신 하나님께 모든 문제를 맡겨 버리고 오직 아버지의 뜻이 이 땅에 이루어지길 기도합니다.

소외된 이웃을 위해, 절박한 형편에 처한 형제와 자매의 필요를 구해야 합니다. 이 땅에 부흥을 위해, 죄로 고통받고 있는 이 세상을 위해 기도해야 합니다. 독생자 예수 그리스도를 보내 주신 아버지의 사랑으로 기도의 자리에 나아가야 할 때입니다.

구할 것은 바로 이것!

마태복음 6장 19-34절

지갑에 돈이 있는 날과 없는 날을
같은 마음으로 살 수 있게 된 것이
그리 오래되지 않았습니다.
있는 날엔 나눌 수 있어 감사하고
없는 날엔 없어도 살 수 있음에 감사합니다.

그러다가도 가끔은
빈 지갑을 보며 허탈한 한숨을 내뱉습니다.
그때마다 하나님은 다시 노크하십니다. 똑똑!
"내 딸아, 나만 봐. 흔들리지 마."

"네 보물 있는 그곳에는 네 마음도 있느니라"(마 6:21).

재물을 주인으로 섬기면 우리는 점점 더 맹목적으로 그것에 충성하게 될 것이다. 그것은 우리를 변화시킬 것이다. 우리는 탐욕스럽고, 경쟁적이며, 질투심이 많아질 것이다. 그러나 우리가 왕께 충성을 맹세하고 그분의 영원한 나라의 우선순위를 따르면, 우리의 세상 재물은 그분을 섬기는 일에 쓰일 것이다. (찰스 스윈돌)

돈은 어느 시대를 막론하고 그 위력에 대적할 자가 없었습니다. 돈 앞에 내 마음의 주소가 어디일지 생각해 봅니다. 막강한 그 위력에 휘둘리지 않고, 힘껏 맞서며 당당히 살아가고 있는지를 말입니다. 돈은 인간이 태어나 죽을 때까지 필요합니다. 아니, 더 정확히는 생명이 잉태되는 순간부터 호흡이 멎은 후 땅에 묻힐 때까지 돈이 필요합니다. 그래야 최소한 인간이 누려야 할 존엄을 유지할 수 있습니다. 그만큼 돈은 생애 전체에 밀착되어 있습니다.

그렇기 때문일까요? 성경에서 유일하게 하나님을 대적할 신으로 소개되는 것이 바로 재물의 신, 맘몬입니다. 그러므로 돈에 대한 우리의 태도는 영원을 좌우합니다. 아간의 탐욕은 자신은 물론 가족을 죽음에 이르게 했습니다. 가룟 유다의 재빠른 계산은 스승 예수 그리스도를 은 삼십에 팔아넘겼습니다. 돈궤 맡은 자의 뒤늦은 후회는 스스로 생을 마감하는 비참한 자살로 끝맺음했습니다.

예수님을 사랑한 마리아는 300데나리온이나 되는 값비싼 향유 옥합을 깨뜨려 주님의 장례를 준비했습니다. 회심한 바나바는 그의 주머니마저 회심해 밭을 팔아 사도들 앞에 내어놓았습니다. 어디 그뿐입니까? 빌립보 교인들의 헌금은 전도자 바울에 대한 변함없는 사랑의 증표였으며, 마게도냐 교회의 풍성한 연보는 예루살렘 교회와 이방 교회가 예수 그리스도의 복음으로 하나 되는 가교가 되었습니다.

내 마음의 보물은 어디에 있을까요? 내가 가진 모든 것이 하나님의 나라를 위해 사용되면 좋겠습니다. 주머니가 비는 것을 두려워하지도, 많은 물질을 쫓는 돈의 노예가 되지도 말았으면 합니다. 오직 나누고 베풀며 살기 원합니다. 하늘에 보물을 쌓는 지혜로 소중한 삶의 시간을 낭비하지 않기를 다짐합니다.

"전능하신 왕이여, 오십시오"

전능하신 왕이여, 오셔서
우리가 주의 이름을 노래하는 것을 도우시고,
우리가 찬송하는 것을 도와주십시오.
지극히 영광스러우시고
모든 것에서 승리하시는 아버지여,
옛적부터 계신 이여,
오셔서 우리를 다스려 주십시오.

육신이 되신 말씀이시여,
주의 능력의 검을 허리에 차고 오셔서,
우리의 기도를 들어주십시오.
오셔서, 주의 백성에게 복을 주시고,
주의 말씀이 이루어지게 하시며,
성결의 영이
우리 위에 임하게 해주십시오.

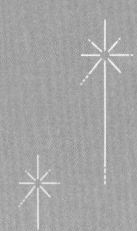

거룩하신 보혜사여, 오셔서,
이 기쁜 시간에
주의 거룩하신 증언을 주십시오.
전능하신 주여,
지금 각 사람의 심령 안에서 다스려주십시오.
능력의 성령이여, 우리를 결코 떠나지 말아주십시오.
삼위 안에서 하나이신 크신 하나님께,
지금부터 영원까지
영원한 찬송을 드립니다.

주의 주권적인 위엄을
우리로 영광 중에 뵈옵게 하시고,
영원토록
사랑하고 경배하게 해주십시오. 아멘.

― 저자 미상

하나님이 보시는 나

마태복음 7장 1-12절

"외식하는 자여 먼저 네 눈 속에서 들보를 빼어라
그 후에야 밝히 보고 형제의 눈 속에서 티를 빼리라"(마 7:5).

나이를 먹으면서 좋은 점이 하나 있습니다.
'그럴 수 있지.' 하는 수용의 폭이 넓어졌다는 겁니다.

타고난 성품이 좋아서라기 보다
타락한 죄성을 먼저 경험하여 생긴 지혜일 겁니다.
내 눈에 들보가 박혀 있는데,
어찌 상대방에게 묻은 티를 탓할 수 있을까요?

밖으로 향했던 화살을 거두고
나를 향한 하나님의 시선으로 형제를 보게 하소서.

형제의 눈 속에 있는 티는 잘 보이지 않고 헤아리기 어려운 아주 작은 것이며, 자신의 눈 속에 있는 들보는 그 반대다. 자신의 큰 잘못과 타인의 소소한 실수를 대하는 태도가 극명하게 다름을 꼬집는다. 예수는 자신에게는 한없이 관대하고 타인에게는 한없이 엄격하고, 타인의 결점을 집요하게 지적하며 그것으로 자신의 의로움을 확보하는 태도를 "외식"이라 말씀하신다 (묵상과 설교)

애써 배우지 않아도 잘하는 것 중 하나가 비판하는 것입니다. 우리는 누구라 할 것 없이 타인을 정죄하고 판단하는데 숨은 고수들입니다. 특히 미움 박힌 상대라면 그 실력이 더할 나위 없이 잘 발휘됩니다. 그 사람의 작은 결점, 사소한 실수에도 크게 부풀려 신랄하게 비판하기를 서슴지 않습니다. 그럴 때면, 입가에는 의기양양한 미소가 번지고 목소리에도 잔뜩 힘이 실립니다.

어디 그 뿐인가요? 사랑하는 사람일지라도 꼬투리가 잡히기만 하면 이내 비판의 눈을 매섭게 부릅뜨고 자기 의를 드러내며 일침을 가합니다. 겉으로는 사랑해서라고 말하지만 그 안에는 부패한 자아가 뿜어내는 교만이 더러운 냄새를 풍길 뿐입니다. 그것도 알지 못하면서 스스로 우월감에 취해 자아도취에 빠집니다.

이 얼마나 유치한 짓일까요? 하나님을 떠나 스스로 왕이 되고 싶었던 교만한 인간이 빚어낸 자기만족의 유희입니다. 왕처럼 판단하며 스스로 의롭다 여기고 흠이 없는 척하지만 실상은 전혀 그렇지 않습니다. 상대를 배려하지 못 한 사람은 이미 미움을 받는 자리에 앉아있는 것입니다. 제 아무리 잘난 체하는 사람도 자기를 사랑해주는 사람들의 배려 속에서 살아왔을 뿐입니다. 타인의 돌봄 없이는 살아갈 수 없는 존재임을 깨달을 때 느끼는 부끄러움은 타인을 지적하며 느꼈던 우월감보다 훨씬 크고 무거운 것입니다.

더 늦기 전에 상대를 향했던 비판의 잣대를 자신에게 돌려야 합니다. 하나님의 시선을 의식하며 살아가는 훈련을 날마다 실천해야 합니다. 그리고 타인을 대할 때, 비판이 아니라 격려를 미움이 아니라 사랑을 정죄가 아니라 용서를 하며 따뜻한 헤아림으로 살아가는 것이 참된 지혜입니다.

"이와 같이 좋은 나무마다
아름다운 열매를 맺고
못된 나무가 나쁜 열매를 맺나니
좋은 나무가 나쁜 열매를 맺을 수 없고
못된 나무가 아름다운 열매를
맺을 수 없느니라"(마 7:17-18).

은혜로 열매 맺기
마태복음 7장 13-20절

거창한 계획이 있었던 건 아닙니다.
그저 내게 허락하신 특별한 은혜를 기억하고자
글을 쓰고 그림 그렸는데
보듬고만 있던 은혜를 밖으로 끌어내시고
누군가에게 위로가 되게 하셨습니다.

지금도 글쓰고 그림 그리는 일은
나를 향한 하나님 은혜입니다.
이 은혜의 씨앗이 누군가의 어깨 위로 날아가
위로라는 모양으로 내려 앉으면 좋겠습니다.

우리가 행하는 길에 아무런 변화도 만들어 내지 못하는 신앙 고백은 무익하고 결코 아무도 구원하지 못할 것이다. 열매, 즉 우리 삶의 나무에 열매가 맺혀야만 한다. 일하고 계시는 정원사가 있다는 것을 보여 줄 열매, 지나가는 사람의 주린 배를 채워 줄 열매가 있어야 한다. (마이클 그린)

숨 가쁘게 급변하는 세상 문화 탓인지 결과에 대한 조급증이 어느 때보다 우리의 숨통을 조여옵니다. 바로바로, 즉시 반응하는 시대에 열매 맺기의 속도는 더디게만 느껴집니다. 씨앗이 뿌리내릴 틈도 주지 않고 이내 추수를 바라며 한숨을 쉬어 댑니다.

'대추 한 알' 장석주 시인의 시가 떠오릅니다.

저게 저절로 붉어질리는 없다 / 저 안에 태풍 몇 개 / 저 안에 천둥 몇 개 / 저 안에 벼락 몇 개 / 저 안에 번개 몇 개가 들어 있어서 / 붉게 익히는 것일 게다 // 저게 혼자서 둥글어질 리는 없다 / 저 안에 무서리 내리는 몇 밤 / 저 안에 땡볕 두어 달 / 저 안에 초승달 몇 날이 들어서서 / 둥글게 만드는 것일 게다 // 대추야 / 너는 세상과 통하였구나.

성실히 땀을 흘리고 부지런히 수고하며 인내하는 것이 당연한 것인데, 어느 때부터인가 이 당연한 법칙이 미련함이 되었습니다. 말은 요란한데 정작 삶이 따르지 않고, 겉은 그럴듯한데 안은 텅 비었습니다. 무슨 일이 일어날 것 같은데, 얼마 지나지 않아 그 부산한 움직임은 공허로 자리바꿈하고 맙니다. 우리 신앙생활도 마찬가지입니다. 속도의 문화에 내몰려 한없이 가벼워졌습니다. 열매는 없고 먼지만 일으킬 뿐입니다. 자격 없는 피조물이 그럴 듯한 모습을 꾸며 내느라 빚어낸 풍경이겠지요. 마땅한 수고는 하지 않으면서 탐욕을 그럴듯하게 포장하기에 부산합니다.

먼저 좋은 나무가 되어야 합니다. 진리 안에 깊이 뿌리내리는 시간을 감내해야 합니다. 때에 맞게 새순을 내고, 꽃을 피우고 한여름의 뙤약볕과 거센 폭풍우를 견뎌야 합니다. 반갑지 않은 해충과 싸우며 농부의 손길에 도움을 받아야 합니다. 그 시간을 굳세게 이겨내면 열매는 저절로 맺히게 되겠지요.

참된 것을 보는 눈

마태복음 7장 21-29절

"나의 이 말을 듣고 행하지 아니하는 자는
그 집을 모래 위에 지은 어리석은 사람 같으리니
비가 내리고 창수가 나고 바람이 불어 그 집에 부딪치매 무너져
그 무너짐이 심하니라"(마 7:26-27).

나는 무엇을 보고,
무엇을 듣고 있을까요?

지금 내가 보고 듣는 것을
계속 보고 들어도 괜찮을까요?
나의 봄과 들음이
인생에 휘몰아치는 거센 고난의 바람 안에서,
걷잡을 수 없는 두려움의 홍수 앞에서
나를 지켜줄 수 있을까요?

진짜를 보는 눈이 열리기를 원합니다.

신앙생활이란 들음과 행함, 아는 것과 살아 내는 것 사이의 간격을 좁히기 위한 고투의 과정이어야 한다. 삶으로 번역되지 않는 앎은, 특히 종교적 앎은 교만으로 변하는 경우가 많다. 알면서도 그렇게 살지 못하는 죄책감을 자기보다 약한 타자에게 투사하여 비난하는 일을 우리는 흔히 만난다. 예수는 행함이 없는 신앙생활의 허망함을 종말론적 심판의 이미지를 통해 보여 주신다. 비가 내리고 창수가 나고 바람이 불어 그 집에 부딪칠 때 그 무너짐이 심하리라는 것이다. (김기석)

말씀을 영상으로 보는 시대를 살고 있습니다. 예배당에 가지 않아도 넘쳐나는 말씀을 볼 수 있는 시대입니다. 내가 좋아하는 목사, 나에게 맞는 스타일의 설교를 공간에 제약을 받지 않고 언제든지 볼 수 있지만 정작 우리의 영혼은 메마르고 허기집니다.

주옥 같은 본문에 군더더기 없는 설교 하지만 채널이 돌아가면 이내 그 감동은 사그라집니다. 삶의 짐은 그대로이고 마음은 여전히 무겁습니다. 훌훌 자리를 털고 일어나 세상으로 나아가지 못하고 우두커니 망설이다 야금야금 밀려오는 일상의 파도에 숨이 턱

막힙니다. 감당할 수 없을 것만 같은 세상의 풍랑 앞에 그만 움츠러들고 맙니다. 조금 전까지 불끈 쥐었던 손은 맥없이 풀리고 가슴을 부풀리던 다짐도 한숨이 되어 흩어집니다.

이 모든 것이 삶이 수반되지 않은 앎의 민 낯입니다. 주님의 가르침은 더할 나위 없이 선명한데 그 말씀의 행간에서 내게 유리한 의미만 지나치게 찾아내려는 우리의 못된 마음이 문제입니다. 지식은 쌓여 가는데 정작 그분을 알지는 못합니다. 이것은 비단 이 시대만의 비극이 아닙니다. 용서와 사랑의 경험이 쌓여도 구원에 대한 확신이 없는 것은 시대를 막론한 인간의 비극입니다. 하나님이 인도하고 있음에도 문제가 생길 때마다 불평과 원망을 일삼았던 광야 시대 이스라엘 백성의 모습이 곧 우리의 모습입니다.

봄과 행함의 간격이 커질수록 우리의 삶은 바로 서지 못하고 흔들리다가 끝내 무너질 것입니다. 봄과 행함이 일치할 때, 우리의 삶은 그분 안에서 견고해지고 비로소 우리는 하나님 사랑, 이웃 사랑의 도구로 쓰임 받게 될 것입니다.

믿음이 한 뼘이라도 자랐을까요?
조금 자랐다 싶으면 어김없이 넘어지고
실망하여 한숨짓다가도
어느 순간, 가슴이 뜨거워집니다.

예배가 새롭고 기도 시간이 즐겁습니다.
주님을 생각만 해도 기쁘고
나와 함께 하신다는 믿음에 담대해집니다.

아이가 밥을 먹고, 잠을 자고, 사랑받을 때
소리 없이 한 뼘씩 자라나듯
나의 믿음도 무럭무럭 자라나
하나님의 능력이 드러나는 통로가 되길 소원합니다.

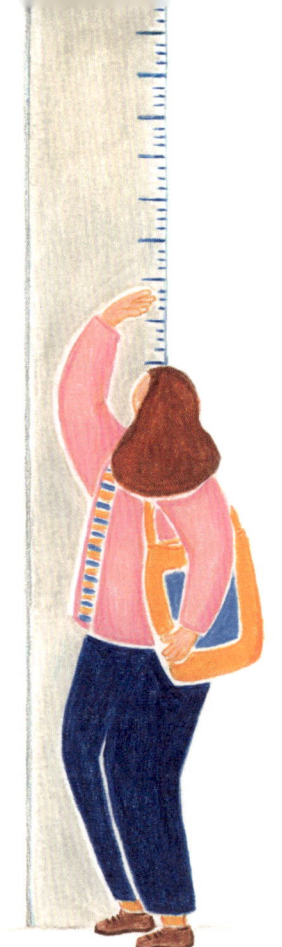

그분의 능력을 제한하지 말라

마태복음 8장 1–13절

"백부장이 대답하여 이르되 주여 내 집에 들어오심을 나는 감당하지 못하겠사오니 다만 말씀으로만 하옵소서 그러면 내 하인이 낫겠사옵나이다. 예수께서 백부장에게 이르시되 가라 네 믿은 대로 될지어다 하시니 그 즉시 하인이 나으니라"(마 8:8, 13).

예수님께서는 놀라지 않을 수 없었다. 그분은 자신의 사역을 통해 참된 믿음을 찾고 계셨고, 마침내 여기서 다른 곳도 아닌 한 이방인의 마음 가운데서 그것을 발견하신 것이다. 예수님께서는 기이히 여기셨다. 그리고 사람들을 둘러보시고 그를 모두에게 본보기로 제시하시고, 이 이방인의 믿는 것보다 더 잘 믿어야 했을 사람들에게 도전을 주셨다.
(스튜어트 K. 웨버)

예수님께 칭찬받은 백부장의 믿음은 언제나 큰 도전을 줍니다. 그의 확신에 찬 믿음이 부럽지만 한편으로는 믿음이 없어 조마조마하며 살아가고 있는 나의 모습을 비추는 거울 같아서 마음이 씁쓸합니다.

예수님마저 놀란 그의 겸손한 태도와 확고한 믿음은 어디에서 오는 것일까요? 또 하인을 사랑하는 그의 마음은 어디에서 비롯된 것일까요? 당시 하인은 사고 팔 수 있는 물건과도 같은 존재였습니다. 그러니 병든 하인은 무가치해진 존재, 죽어가는 하인을 치료하고 돌보는 것은 손해를 감수하는 일이었습니다. 그런데 백부장은 예수님을 찾아왔습니다. 그 말인즉, 병든 하인을 고치기 위해 그가 할 수 있는 방법은 다 해 보았다는 것입니다. 백부장은 하인을 한 인격체로 귀하게 여기고 사랑한 것입니다.

예수님은 긍휼이 가득한 마음으로 긍휼을 구하러 온 이방인에게 흔쾌히 호의를 나타내셨습니다. "내가 가서 고쳐 주리라." 그에 대한 백부장의 대답은 놀랍기 그지없습니다. "주여, 내 집에 들어오심을 나는 감당하지 못하겠사오니 다만 말씀으로만 하옵소서."

백부장의 고백은 끝없는 표적과 이적만을 구하는 유대인들과는 비교할 수 없는 믿음을 보여줍니다. 한 평생 군인으로서 '명령에 죽고 명령에 사는 삶'을 살아온 그는 말씀이 가진 권위가 무엇인지 정통했습니다. 말씀으로 천지를 창조하신 분이 말씀으로 병을 낫게 하는 것이 뭐가 그리 어려운 일이겠습니까?

오늘 나에게 필요한 것도 단 하나 주의 말씀을 믿는 것입니다. "여호와는 위로는 하늘에서도 아래로는 땅에서도 하나님이시니라." 이방 여인 라합의 고백이 나의 고백이 되길 기도합니다.

"예수께서 이르시되
죽은 자들이 그들의 죽은 자들을 장사하게 하고
너는 나를 따르라"(마 8:22).

제자, 그리고 제자의 길

마태복음 8장 14-22절

'제자'라는 말이 부담스러웠나 봅니다.
대체할 만한 단어가 없을까 하여 사전을 펼쳤습니다.

사전에 적힌 뜻을 보고 피식 웃음이 납니다.
1. 스승으로부터 가르침을 받거나 받은 사람.
2. 예수의 가르침을 받아 그 뒤를 따르는 사람.

'제자'를 대체할 다른 단어는 없습니다.
주님의 길을 따르는 제자의 길을 걷겠습니다.

프루머는 "예수께서는 빌린 마구간에서 생애를 시작하시어 빌린 무덤에서 마치셨다."라고 말했다. 이것은 "네가 나를 따르기 전에 네가 무엇을 하는 것인가 생각하라.", "네가 나를 따르기 전에 어떤 희생을 치르지 않으면 안 되는지를 생각해보라."는 의미일 것이다. 예수께서 원하시는 사람은 일시적 감격으로 따르는 사람이 아니다. 예수께서 원하시는 사람은 자신의 행동을 잘 이해하고 실행하는 사람이다. (바클레이)

"선생님이여 어디로 가시든지 저는 따르리이다."

예수님은 이렇게 말하는 서기관을 향해 제자의 삶이 어떤 것인지 냉엄하게 일깨워 주십니다. 거처도 일정하지 않은 불안정한 삶, 어디로 가야 할지 모르는 불투명한 삶이 제자들 앞에 놓여 있습니다. 그 길은 한순간의 열정만으로 완주할 수 없는, 기꺼운 희생이 요구되는 여정입니다. 또 한 제자가 아버지의 장례를 치르고 나서 따라나서겠다고 말합니다. 그러자 예수님은 제자의 삶은 미룰 수 없는 긴박한 선택이라고 단호히 말씀하셨습니다.

과연 두 사람은 어떻게 반응했을까요? 서기관이 예수님을 따랐을지, 다른 제자가 고향으로 돌아가지 않고 예수님과 동행했을지, 아니면 두 사람 다 포기했을지. 성경에는 그들이 어떤 대답을 했는지 기록되어 있지 않습니다. 무슨 의미일까요? 어쩌면 제자로 살아가려는 모든 이들에게 각자의 대답을 듣고자 남겨진 질문이 아닐까요?

제자로 살아간다는 것은 현존하시는 하나님 앞에서 삶의 모든 우선순위를 재조정하는 일입니다. 목숨처럼 아끼던 대상도 주님보다 위에 놓일 수 없습니다. 신앙의 길은 피 흘릴 각오 없이 갈 수 있는 안일하고 고상한 길이 아닙니다. 하나님의 영광을 맛보는 길은 고난의 십자가까지 함께 져야 하는 대가 지불의 길입니다.

"너는 나를 따르라." 주님은 대답할 기회를 주십니다.

이제 내가 선택할 차례입니다. 두 번의 기회는 없습니다. 가다가 힘들면 포기하고, 멈추었다가 다시 갈 수도 없는 길입니다. 나는 죽고 예수로 사는 길입니다. 영원한 천국에 이르는 다른 길은 없기에 오늘도 나는 죽고 예수님의 제자로 살아갑니다.

예수님을 인정할 때

마태복음 8장 23-34절

"예수께서 이르시되
어찌하여 무서워하느냐 믿음이 작은 자들아 하시고
곧 일어나사 바람과 바다를 꾸짖으시니
아주 잔잔하게 되거늘 그 사람들이 놀랍게 여겨 이르되
이이가 어떠한 사람이기에 바람과 바다도 순종하는가 하더라"
(마 8:26-27).

거인 골리앗과 맞선 소년 다윗
바알을 섬기는 이방 제사장들과 홀로 맞선 엘리야
죽으면 죽으리라는 믿음으로 민족을 살린 에스더
사자굴에 던져진 다니엘…
'나도 이들처럼 살 수 있을까?'

잔잔한 호수에 손만 담그라 해도 용기가 필요한데,
성난 파도가 뱃전에 부딪혀도 요동치 않을 믿음이
내게 있을지 장담하기 어렵습니다.
'주님, 아주 작은 것부터 다시 시작해도 될까요?'

가장 무서운 것은 내 안의 광풍입니다. 내 안에서 요동하는 불신과 원망의 바람, 미움과 분노의 바다가 나를 뒤덮고 가정과 직장을 뒤덮는 것입니다. 어떤 광풍도 두려워하지 마십시오. 내 힘으로 꾸짖을 수도, 다스릴 수도 없는 광풍 속에서 우리가 할 일은 주님을 깨우는 것입니다. … 야단 좀 맞으면 어떻습니까? … 그분을 신뢰함으로 세상 모든 것을 다스리는 권세, 세상이 기이히 여기는 놀라운 권세가 내게도 주어집니다. (김양재)

순탄한 인생이길 바랐습니다. 그 바람이 사무치게 간절했기에 무시로 찾아오는 폭풍 앞에서 믿음으로 반응하기보다 불신이 앞섰습니다. 응답 없는 기도에 마음이 무너질 때면 스멀스멀 원망이 고개를 쳐들었습니다. 되돌아보니, 예고 없이 찾아오는 폭풍과 더딘 기도 응답은 주님의 레슨이었습니다. 인생의 주도권을 스스로 내려놓게 하는 훈련이었습니다.

평생 어부로 잔뼈가 굵은 제자들도 감당하기 어려운 폭풍이 몰아치는데, 주님은 고요히 주무시고 계십니다. 얼마나 시간이 흘렀을까요? 배가 몸을 못 가눌 정도로 흔들리고 뱃전을 때리는 파도 소리가 심상치 않은데 예수님은 미동도 없이 곤히 주무십니다.

드디어 거센 바람에 큰 파도가 일더니 바닷물이 배 안으로 들어차기 시작합니다. 다급해진 제자들은 누구라고 할 것 없이 예수님을 흔들어 깨웠습니다.

"주님, 살려 주십시오! 우리가 빠져 죽을 지경입니다."

잠에서 깬 예수님은 두려움에 벌벌 떨고 있는 제자들을 꾸짖으셨습니다. 바람과 바다를 다스리시는 그분을 신뢰하지 못하는 그들의 작은 믿음을 말입니다.

예수님이 일어나 바람과 바다를 꾸짖으시니 바람과 바다는 꼼짝없이 순종합니다. 주님은 그런 분이셨습니다. 거대한 폭풍과 거센 파도는 마치 제자들에게 그분이 어떤 분인지 증명하는 무대와 같았습니다. 그렇다면 내가 구해야 할 것이 무엇인지 분명해집니다. 그 어떤 환난과 고난이 올지라도 주님이 나와 함께 계시면 된다는 오직 예수님을 신뢰하는 믿음만 있으면 됩니다.

예수님이 오신 이유

마태복음 9장 1-13절

예수님의 말씀 한마디에 일어나 걷고 있는
중풍병자의 기분은 어땠을까요?
얼마나 좋았을까요?
또 얼마나 감사하고 감격했을까요?

내게도 그런 순간이 있었는데…

죄로 인해 죽은 자와 다름 없던 내가
십자가의 은혜로 벌떡 일어나
하나님께 나아갈 수 있게 되었습니다.
비단 중풍병자에 비하겠습니까!

"그러나 인자가 세상에서
 죄를 사하는 권능이 있는 줄을
 너희로 알게 하려 하노라 하시고
 중풍병자에게 말씀하시되
 일어나 네 침상을 가지고
 집으로 가라 하시니"
 (마 9:6).

병이 죄의 결과라는 사회적 통념을 예수가 그대로 수용했는지를 묻는 것은 부질없다. 예수에게 중요한 것은 생명이 온전해지는 것이다. 병과 죄를 바로 연결시키는 세상에서 주눅 든 채 살던 그 환자에게 필요한 것은 용서의 선언이었다. 마태는 이 사건을 통해 죄를 사하시는 예수의 종말론적인 권세를 증언하고 있다. 두려움과 놀람으로 반응하는 무리들의 존재 자체가 그 권세의 반증이다. (김기석)

가만히 중풍병자에 대해 생각해 봅니다. 그는 비록 병으로 인해 온종일 침상에 누워지내야 했지만 밝고 친절하며 마음이 따뜻한 사람이었을 것입니다. 그렇지 않았다면 그의 친구들이 잦은 발걸음을 하지 않았겠지요. 가뜩이나 힘든 세상인데, 나을 희망도 없는 아픈 친구를 바라보는 것 자체가 고역입니다.

중풍병자는 그를 찾아오는 친구들과 희로애락을 함께 했을 것입니다. 오히려 위로하러 온 친구들이 위로를 받고, 그의 다독거림에 기운을 차렸을 것입니다. 그러던 어느 날, 예수님에 대한 소문은 중풍병자와 친구들의 마음을 사로잡았습니다. 사랑하는 친구를 위해서라면, 망설일 것도 없이 한마음으로 병든 친구의 침상을 어깨에 메고 길을 나섰습니다.

마침내 예수님을 찾아 왔지만 너무 많은 인파로 인해 그들은 도저히 예수님 곁으로 갈 수가 없었습니다. 잠시의 망설임도 없이 친구들은 지붕을 뜯어내고 친구를 달아 내렸습니다. 그 모습을 지켜보시는 예수님은 얼마나 흐뭇해하셨을까요? 포기를 모르는 믿음, 난관을 피하지 않고 정면 돌파하는 그들의 힘찬 믿음에 박수쳤을 것입니다.

"작은 자야 안심하라. 네 죄 사함을 받았느니라."

이보다 기쁜 소식이 있을까요? 예수님은 모든 병이 죄 때문이라고 여기는 당시 전통에 맞서 죄 사함을 선포하심으로 스스로 권세를 드러내셨습니다. 예수님이 이 땅에 오신 이유는 병든 자, 귀신들린 자, 고통에 신음하는 자를 돌보시고 회복시켜 주시기 위해서입니다. 기쁨에 겨워 집으로 돌아가는 그들의 발걸음은 마치 영원한 천성을 향해 나아가는 행진과도 같습니다.

가둬둘 수 없는 복된 소식

마태복음 9장 14-26절

"무리를 내보낸 후에 예수께서 들어가사
소녀의 손을 잡으시매 일어나는지라
그 소문이 그 온 땅에 퍼지더라"(마 9:25-26).

예수님이 하신 일,
그가 하신 말씀과 능력에 대한 소문이
순식간에 퍼져나갔습니다.
도저히 가둬둘 수 없는 복된 소식이니까요.

불치병을 고치고, 귀신을 내쫓고,
죽은 자를 살리고, 바람과 바다를 다스리는
예수님이 지금, 여기 계시다는 복된 소식!

나는 겁이 많다는 핑계로
말씀 안에 나를 가둬버렸습니다.

말씀 안에 꼭꼭 숨어버린 겁쟁이가 아니라
복된 소식을 전하는 삶이 되길 소망합니다.

예수님은 우리의 간절한 심정을 원하십니다. "주여, 나를 받아 주시옵소서. 나를 인도해 주시옵소서. 나는 이렇게 실패했습니다. 내가 이렇게 절망 속에 있습니다. 내 힘으로는 되는 것이 없습니다. 그래서 주님 앞에 나옵니다." 이때 주님은 우리에게 왜 왔느냐고 묻지 않으십니다. 그냥 받아주십니다. 그리고 조용히 일어나셔서 그 집으로 가시는 분이 예수 그리스도이십니다. (하용조)

털썩! 한 남자가 느닷없이 예수님을 찾아와 무릎을 꿇었습니다. 그 사람은 놀랍게도 유대사회에서 존경받는 지도자요, 회당을 관리하며 예배를 주관하고 율법을 어긴 사람을 교훈하는 회당장 야이로였습니다. 그의 이런 행동은 결코 예사로운 일이 아닙니다. 상식적으로 권위 있는 남자가 무릎을 꿇는다는 것은 보통 일이 아니었습니다. 그런데 야이로는 무너지듯 예수님 앞에 무릎을 꿇었습니다. 왜냐하면 지금 그의 하나밖에 없는 소중한 딸이 안타깝게 죽어가고 있었기 때문입니다.

딸에게 닥친 죽음의 위협 앞에 그가 할 수 있는 일은 아무것도 없었습니다. 쌓아 올린 지위도, 명예도, 지식도 허망하게 꺼져가는 딸의 생명을 붙잡아 두지 못했습니다. 그에게 남은 단 하나의 선택지는 예수님께 나아가는 것이었습니다. 무릎을 꿇은 야이로는 그제야 자신이 마주한 현실이 무엇인지 뼈저리게 절감했을 것입니다. 죽음 앞에선 인간의 무력함과 자신은 용서받아야 할 죄인에 불과하다는 사실을 말입니다.

야이로는 비록 딸 아이를 살리려는 마음으로 나아왔지만, 예수님은 그 마음을 홀대하지 않으셨습니다. 아무리 작고 미약한 믿음이라도 배척하시는 법이 없습니다.

예수님이 회당장의 집에 도착했을 때, 죽음을 알리는 피리 소리와 통곡 소리가 온 집을 뒤덮고 있었습니다. 그새 소녀가 죽고 만 것입니다. 생명이신 예수님은 죽음의 미궁에서 허우적거리는 사람들을 내보내시고 소녀를 잡아 일으키셨습니다. 어둠이 빛에 밀려나듯 죽음은 예수님과 함께 자리할 수 없습니다. 생명의 주님이 죽음을 다스리시는 것입니다.

추수할 일꾼이 적구나

마태복음 9장 27-38절

"이에 제자들에게 이르시되
추수할 것은 많되 일꾼이 적으니 그러므로 추수하는 주인에게 청하여
추수할 일꾼들을 보내 주소서 하라 하시니라"(마 9:37-38).

"추수할 것은 많되 일꾼이 적으니…."
예수님의 탄식이 안타깝습니다.
예수님을 따르던 그 많던 무리는 어디 있습니까?
제자라는 사람들은 뭘하고 있답니까?

언젠가 주님의 일꾼 되기를 청하였던
나는 지금 어디 있습니까?

추수를 기다리는 무르익은 영혼은 없는지,
오늘도 복음 들고 넓은 들녘으로 나갑니다.

여기에 위대한 기독교적 진리와 최고의 기독교적 도전이 있다는 것을 간과해서는 안되겠다. 추수할 일꾼이 있어 그것들을 베어 거두어들이지 않으면 추수가 되지 않는다. 이것은 다시 말해 예수 그리스도가 인간을 필요로 하신다는 것이다. 이것은 기독교 신앙과 생활에서 위대하게 빛나는 기본적 진리다. (바클레이)

저절로 손이 가는 잘 익은 과일도 수확 시기를 놓쳐버리면 이내 가지에서 떨어져 먹을 수 없게 됩니다. 곡식도 마찬가지입니다. 잘 여문 낟알을 제때에 베어 수확하지 못하면, 매서운 바람과 추운 날씨에 속절없이 땅에 떨어져 먹을 수 없게 됩니다.

이처럼 추수는 한 해의 농사를 판가름하는 매우 중요한 작업입니다. 더욱이 농사가 잘되어 거두어들일 열매와 곡식이 가득한데 일손이 모자라 추수를 못한다면 농부의 마음이 어떨까요? 아마 그 속은 한여름 가뭄에 마른 땅처럼 타들어 갈 것입니다.

제자들을 향해 추수할 일꾼을 청하라고 말씀하시는 예수님의 마음은 어땠을까요? 가을걷이를 못 하는 농부의 마음과는 비교할 수도 없이 안타까웠을 것입니다. 왜냐하면 천하보다 귀한 것이 영혼을 추수하는 일이기 때문입니다.

예수님은 이스라엘의 길 잃은 양들을 돌보시기 위해 거친 사막의 뜨거운 모래바람도 마다하지 않으시고, 한낮의 따가운 햇빛도 피하지 않으셨습니다. 그늘도 없는 황량한 돌투성이 길을 걸으며 오늘은 이 마을로, 내일은 저 마을로 바쁜 걸음을 옮기셨습니다. 추수를 기다리는 가여운 영혼들의 부르짖음과 절규를 들으셨기 때문입니다.

예수님이 시작하신 그 추수의 발걸음이 산을 넘고 들판을 지나, 바다를 건너 민족의 경계를 허물고, 역사의 시간을 뚫고 오늘을 사는 나에게 닿았습니다.

"추수할 것이 많으나 일꾼은 적으니라."

오늘 주님은 나를 부르십니다. 때를 놓쳐서는 안 될 추수꾼으로 말입니다. 예수 그리스도의 심장이 뛰는 그 일에 나의 심장도 뛰길 바랍니다.

"거룩한 책,
 하나님의 책"

거룩한 책, 하나님의 책,
그대는 나의 소중한 보물창고.
내가 어디에서 왔는지를 말해주는 보물창고.
내가 어떤 존재인지를 가르쳐주는 보물창고.

내가 방황할 때 나를 책망하는 보물창고.
구주의 사랑을 보여주는 보물창고.
나를 인도해주고 지켜주는 보물창고.
내게 벌주거나 상을 주는 보물창고.

이 광야 같은 세상에서 환난을 겪고
괴로워하는 나를 위로해주는 보물창고.
인간이 살아 있는 믿음으로
사망을 이길 수 있다는 것을 보여주는 보물창고.

장차 내게 주어질 기쁜 일들을 말해주고
반역한 죄인들이 받게 될 파멸을 보여주는 보물창고.
오, 거룩한 책, 하나님의 책,
그대는 나의 보물창고, 아멘.

– 존 버튼(1773~1822)

권능을 주시니
천국 복음을 전파하라

마태복음 10장 1-15절

열두 제자를 세상 가운데로 보내시며
예수님의 권능을 주신 것은
'잃어버린 양'을 찾기 위함입니다.

잃어버린 양을 찾아
천국을 보여주라고 하셨는데
우물 안에서만 찰방거리는 나는
소심하고, 게으르고, 이기적입니다.

다시 눈을 들어 주님 가신 길을 봅니다.
아, 저기 잃어버린 양이 보입니다.

"예수께서 그의 열두 제자를 부르사
더러운 귀신을 쫓아내며 모든 병과 모든 약한 것을 고치는 권능을 주시니라.
오히려 이스라엘 집의 잃어버린 양에게로 가라
가면서 전파하여 말하되 천국이 가까이 왔다 하고"(마 10:1, 6-7).

예수님께서는 이들에게 세상을 정복할 수 있도록 칼이나 창과 같은 무기를 주신 것이 아니었습니다. … 그 이유는 이 전쟁은 눈에 보이지 않는 전쟁이었기 때문입니다. 사람들이 마귀에게 종노릇 하는 이유가 무엇입니까? 하나님의 사랑을 모르고 체험하지 못했기 때문입니다. 그런데 예수님이 보낸 사람들을 통하여 자기들의 병이 낫고 귀신들이 떠나서 정상적인 삶을 되찾게 될 때, 하나님께서 자기들을 사랑하시는 것을 몸으로 느끼고 하나님께 대한 믿음을 가지게 되는 것입니다. (김서택)

베드로, 나서기를 좋아하는 수제자로 로마에서 네로 황제의 박해 때 십자가에 거꾸로 못박혀 순교함. 안드레, 눈에 잘 드러나지 않았지만 사람들을 예수님께로 인도했고 X자 모양의 십자가에 매달려 순교함. 세베대의 아들 야고보, 열정적으로 사역하다 돌에 맞아 최초로 순교함. 요한, 예수님의 어머니 마리아를 돌보았으며 사랑의 사도로 불림. 빌립, 상황판단이 빠르고 계산을 잘했으며 그리스에서 선교하다 십자가에 매달려 순교함. 바돌로매, 처음에는 예수님을 무시했지만 복음을 전하다 살가죽이 벗겨진 채 머리를 베임당해 순교함. 도마, 의리의 사나이. 그러나 의심많은 제자로 인도에서 창에 찔려 순교함. 마태, 세리였던 그는 아프리카에서 선교하다 창에 찔려 순교함. 알패오의 아들 야고, 이름도 빛도 없이 충성하다 유대인들에게 돌에 맞아 순교함. 다대오, 열심당원 출신으로 십자가에 매달려 순교함. 가나나인 시몬, 페르시아에서 전도하다 기둥에 거꾸로 매달려 톱으로 몸이 잘려 순교함. 가룟 유다, 제자들 중 유일한 유대 지역 출신으로 명석한 두뇌로 회계를 맡아 보았으나 스승인 예수를 은 30냥에 팔고 자살함.

열두 사도의 면면을 살펴보면, 대부분 남다른 능력도 대단한 배경이나 신분도 없던 사람들이었습니다. 그야말로 하나님의 은혜였습니다. 그러나 누구도 모자람을 핑계삼아 피하지 않고 제자의 삶을 살았습니다. 부름 받았다면, 이 세상이 아니라 천국을 바라보며 제자의 삶에 '성큼' 발을 들이면 됩니다. 성령의 권능, 복음을 전하는 믿음, 진리를 선포하는 담대함은 원래 내게 있던 것이 아니라 제자의 삶을 사는 이에게 주어지는 것입니다.

내게 주신 참 소망

마태복음 10장 16-23절

예수님을 믿음으로 인해 겪게 되는
불편함이 있습니다. 난처함이 있습니다.
또한 견뎌야 할 고통의 시간이 있습니다.

평온한 일상과 몸에 밴 익숙함을 포기해야 하는,
무엇 하나 쉽지 않은 길입니다.
하지만 그 길에서만 보이는 소망이 있기에
오직 한분께만 시선을 고정하고
예수 그리스도의 이름 의지하여
앞으로! 또 앞으로!

"또 너희가 내 이름으로 말미암아 모든 사람에게 미움을 받을 것이나 끝까지 견디는 자는 구원을 얻으리라"
(마 10:22).

예수가 그러하시듯, 그분을 따르는 제자들도 세상의 철저한 거절과 극심한 박해를 받을 것이다. 예수의 이름 때문에 제자들이 받는 폭력적인 세상의 응대다. 하지만 이런 상황은 거절하는 세상에 하늘나라를 실현하는 거룩한 과정이다. 따라서 제자들은 그런 현실을 견뎌야 한다. 하나님이 이루실 때까지 인내해야 한다. (묵상과 설교)

절에 다닌다고 뭐라할 사람은 아무도 없습니다. 천주교라고 말해도 악의적인 반응은 없습니다. 그런데 유독 그리스도를 믿는다고 하면 종교에 관심 없던 친구도 일단 말립니다.

"왜 그러냐? 무슨 일 있냐?"

현대를 사는 성도들이 겪는 일입니다.

예수님이 계시던 시대에, 유일신 여호와를 믿던 유대인의 입장에서 예수님을 믿는다는 것은 그야말로 신성모독과 같았습니다. 명예를 중시하던 당시 팔레스타인 문화에서, 가족 중 한 사람의 배교는 가족 전체의 명예를 짓밟는 용서받을 수 없는 극악한 행동으로 치부되었습니다.

가족의 명예를 실추한 대가는 엄청났습니다. 때에 따라서는 아버지가 아들을, 형제가 형제를 공동체의 심판에 끌어냈습니다. 가족의 명예를 지키고 공동체의 수치를 제거하기 위해서는 엄벌에 처해야 했습니다. 예수의 제자로 살아간다는 것은 이렇듯 엄중한 대가를 치러야 하는 일이었습니다.

십자가의 복음이 선포되면 즉시 철저한 분리가 일어납니다. 진리와 거짓이 손을 맞잡을 수 없고, 거룩과 세속이 어깨동무할 수 없듯이 하나님과 우상이 한자리에 앉을 수 없습니다.

십자가에 담긴 하나님의 사랑은 우리를 새로운 차원으로 이끕니다. 거짓의 유혹을 너끈히 뿌리칠 힘을 줍니다. 세상이 던지는 끈적한 추파도, 나른한 육신의 안락함도, 공동체의 따돌림이나 권력의 위협도 주님의 이름으로 이겨낼 수 있습니다. 진리를 발견했는데 그까짓 무의미한 것들에 왜 목숨을 걸겠습니까? 도리어 거절은 힘이 되고 핍박은 확신의 근거가 됩니다. 하나님의 뜻이 깃든 자리라면 그곳이 바로 나의 선교지가 됩니다.

"누구든지 사람 앞에서 나를 시인하면
나도 하늘에 계신 내 아버지 앞에서 그를 시인할 것이요"
(마 10:32).

예수를
외치는 줄
알았는데
...

마태복음 10장 24-33절

"나는 예수님을 믿습니다.
예수님은 나의 구원자, 나의 주님이십니다."

사람 앞에서 예수님을 시인하는 나의 말들은
입술만 달싹이는 외침일까요?
십자가를 품은 신앙고백일까요?

예수님을 시인하는 나의 말들이
삶으로 뿌리내릴 때 예수님도 말씀하시겠지요?
"나도 너를 안다."

예수님께서는 누구든지 다른 사람들 앞에서 자신을 시인하면, 그분 또한 그분의 아버지 앞에서 그들을 시인하실 것이라고 말씀하신다. 그러나 만일 우리가 예수님을 부인하면, 예수님 역시 아버지 앞에서 우리를 부인하실 것이다. 그러므로 우리는 마땅히 예수님을 배반하는 것을 두려워해야 한다. 예수님을 부인하는 것은 다름이 아니라 우리의 운명을 부인하는 것이다. 그리고 우리의 죄를 고백할 수 있게 하신 분을 부인하는 것보다 더 깊은 죄는 없다. (스탠리 하우어워스)

"참 기독교인들에게는 아무리 해도 이러한 것을 시킬 수가 없었습니다." 비트니아의 총독 플리니가 로마 황제 트라얀에게 보낸 보고서의 일부입니다. 초대교회 그리스도인들은 예수를 부인하며 저주하는 것보다 죽음을 선택하기를 주저하지 않았습니다. 황제 숭배가 만연했던 로마시대에도 참된 그리스도인들의 불타오르는 충성심은 파괴되지 않았습니다.

오늘 우리에게 주어진 신앙이 그저 값없이 받은 것이 아님을 깊이 깨닫게 됩니다. 눈 앞에 있는 죽음을 두려워하지 않는 옛 성도들의 결연한 고백과 희생을 머금고 피어난 신앙입니다.

갖은 압제와 핍박, 폭력과 박해에도 굴하지 않는 선명한 핏빛 믿음 위에 세워졌습니다. 무엇이 그들을 죽음의 두려움에서 건져 내었을까요? 어떤 확신이 그들을 사로잡았길래 순순히 목숨을 내어놓았을까요? 도대체 예수님을 향한 사랑이 얼마나 숭고했길래 고난의 십자가를 마다하지 않았던 걸까요?

"누구든지 사람 앞에서 나를 시인하면……."

예수님은 사람들 앞에서 내가 취한 태도에 따라 하나님 앞에서 동일하게 증언하겠다고 말씀하십니다. 지금 이 순간 나의 태도와 행동이 구원을 결정짓는 것입니다.

하나님, 예수님을 시인하는데 조금도 주저하지 않겠습니다. 입술로만 예수를 외치며 비겁하게 현실 뒤에 숨지 않겠습니다. 사탄의 유혹 앞에 속절없이 무너진 아담과 하와의 뒤를 따르지 않고, 믿음의 선진들을 본받아 예수를 증언하는 자로 살아가겠습니다. 입술의 고백이 삶으로 드러나는 하나님의 자녀로 살아가겠습니다.

가장 빛나는 과녁
마태복음 10장 34-42절

힘껏 당겨 쏜 화살이 과녁을 벗어납니다.
손이 떨리고 초점이 흔들리는 건
시선을 빼앗겼기 때문입니다.

과녁이 아닌 것들이 시야에 들어오고
마음이 어지럽습니다
잠시 활은 내려놓고 호흡을 고를 때입니다.

다시 진리 위에 굳건히 서서,
십자가 복음을 가슴에 품고
오직 과녁을 향해 사명의 활을 당기겠습니다.

"내가 세상에 화평을 주러 온 줄로 생각하지 말라 화평이 아니요 검을 주러 왔노라"(마 10:34).

예수님께서 메시야로서 이 땅에 임하게 하신 평화는 세상 사람들이 기대하는 아무런 투쟁이나 긴장이 없는 상태를 의미하는 것이 아니다. 그 평화는 무엇보다도 근본적으로 세상과 하나님 사이의 관계 회복을 의미하기 때문이다. 그런데 하나님과의 관계 회복은 역설적으로 세상과의 투쟁을 수반하게 된다. 그 이유는 평화를 가져오신 메시야에 대한 사람들의 반응이 나뉘게 되기 때문이다. 평화의 왕을 따르는 자들과 그를 거부하는 자들 사이에는 이처럼 긴장과 투쟁 그리고 분열이 있을 수밖에 없다. (양용의)

예수님의 등장으로 이스라엘에 큰 소동이 일어나게 될 것입니다. 예수님은 화평의 사자로서 죄로 인해 단절된 하나님과 인간 사이를 가로 막고 있는 담을 허물기 위해 오셨는데, 오히려 갈등과 분쟁의 씨앗이 되었습니다. 왜냐하면 그분은 이스라엘의 거짓 평화를 깨뜨리며, 그들 안에 숨겨진 속내를 가감 없이 까발릴 것이기 때문입니다.

이스라엘은 스스로 아브라함의 자손이라 자부하지만 그것은 허울만 남은 허상에 지나지 않습니다. 그들은 여호와의 율법에 등 돌렸을 뿐만 아니라 공개적으로 우상숭배를 일삼았습니다. 하나님을 경배하기는 커녕, 주머니 속 드라빔처럼 자신들의 필요와 욕망을 채워주는 도구로 여겼습니다. 그들이 고대하던 메시야는 로마의 압제로부터 이스라엘을 구해낼 강력한 군사적, 정치적 지도자였다는 점이 이를 반증합니다.

복음은 '검'입니다. 우리 안에 내밀하게 숨겨진 마음의 베일을 가르고 그 실체를 드러냅니다. '이건 하나님도 모르실 거야'라며 눈 감아 온 은밀한 죄와 입에 담기도 부끄러운 더러운 욕망과 '이 정도는 괜찮겠지' 하며 일상적으로 행하던 악을 깨닫게 합니다.

다시 복음 앞에 섭니다. 내가 누리는 평안의 값을 묵상해봅니다. 갈보리 언덕 십자가에서 뚝뚝 떨어지는 그리스도의 핏값으로 받은 은혜 앞에 공손히 엎드립니다. 하나님, 이 경이로운 복음을 전하는 일에 남은 모든 시간을 아낌없이 드리기 원합니다. 이 작은 기도가 열납되길 간절히 구합니다.

무엇을 보려고
나갔더냐

마태복음 11장 1–10절

"그들이 떠나매 예수께서 무리에게 요한에 대하여 말씀하시되
너희가 무엇을 보려고 광야에 나갔더냐 바람에 흔들리는 갈대냐"(마 11:7).

무리가 요한을 찾아간 이유는 분명합니다.
광야에서 외치는 생명의 메시지 때문입니다.
하지만 요한이 옥에 갇히자 이내 마음이 돌아서고 맙니다.

믿음으로 나선 길이라 해도
저마다 기대하는 바를 얻지 못하면
금방 흔들리고 마는 안쓰러운 갈대…

나는 무엇을 보고 있는 걸까요?
내가 만든 계획표, 내가 정한 시간에 갇혀
안쓰럽게 살고 있는 것은 아닐까요?

너희가 무엇을 보려고 나갔더냐?
주님, 보고싶은 것이 아닌 보여주시는 것을 보게 하소서.
혹여 보이지 않아도 흔들리지 않기를 원합니다.

오늘도 자신의 영적인 갈증을 채우기 위하여 유명한 목사는 다 찾아다니는 사람들이 있습니다. … 그래서 예수님께서 "그 교회에 무엇 때문에 갔었어? 뚱뚱한 사람을 보기 위해서니?"라고 하면 웃을 것입니다. 결국 그는 그 사람을 통해서 말씀하시는 하나님을 만나지 못한 것입니다. 어느 유명한 사람의 설교를 들었으며 그에게 사사(師事)했느냐가 중요한 것이 아니라 그 사람을 통하여 말씀하시는 하나님을 만났느냐가 진정 중요한 것이라고 예수님은 도전하시는 것입니다. (김서택)

어느 시대에나 신앙의 피상성은 반드시 극복해야 할 도전 과제입니다. 신앙과 삶이 일치하지 않을 때, 입술의 고백은 일상생활과 불협화음을 냅니다. 겉은 번지르르하고 그 소리는 요란한데 정작 그 안은 텅텅 비었습니다. 이처럼 때깔 나는 포장지에 감싸인 깡통 같은 신앙생활은 점점 시간이 지나면서 하나 둘 문제를 일으킵니다. 스스로도 혼란스럽지만 세상으로부터 손가락질을 받을 때 마땅한 변명거리를 찾을 수 없습니다.

"여자가 낳은 자 중에 세례 요한보다 큰 이가 일어남이 없도다." 예수님은 변덕꾸러기 같은 이스라엘의 생각에 일침을 놓습니다. 세례 요한은 그들이 생각하는 것처럼 한물간 선지자가 아닙니다. 그는 바람에 흔들리는 갈대 같은 사람이 아니라 회개의 메시지를 전하는데 타협하지 않는 굳건한 인물이었습니다.

비록 헤롯 왕일지라도 호된 질책을 마다하지 않는 깨어 있는 선지자였습니다. 일평생 자기 유익과 안락을 구하지 않고 험한 광야에서 낙타 털옷에 가죽띠를 두르고 사는 것을 개의치 않았습니다. 400년 동안 들리지 않았던 하나님의 음성을 듣고, 그 메시지를 불같이 토해 냈습니다. 어디 그뿐입니까? 주의 길을 예비하는 특별한 임무를 받은 "오리라 한 엘리야"가 바로 그였습니다.

세례 요한을 거절한 그들은 메시야로 오신 예수님마저 철저히 외면했습니다. 그 증거가 바로 십자가입니다.

이천 년이 지난 오늘에도 유대인들은 유월절 축제가 시작되면 엘리야가 앉을 빈 의자를 준비한다고 합니다. 그 빈 의자는 이미 오신 주의 사자를 저 혼자서 기다리는 어리석음의 흔적입니다.

나를 주저앉게 하는 나

마태복음 11장 11-19절

나의 입술은 불신앙을 변호하기에 급급하고
나의 머리는 거절할 이유를 찾기에 분주합니다.

왜 그랬을까요?
내가 가진 이유와 사정을 다 뒤져보아도
마땅한 까닭과 명분이 없습니다.
순종하지 못할 이유도, 가로막는 장애물도 없었는데…

마음이 굳어진 까닭입니다.
괜한 민망함에 칭얼대고 있지만
사실 나를 주저앉게 한건 바로 '나' 자신입니다.

용기를 내어 다시 일어서고 싶습니다.

"이르되 우리가
너희를 향하여 피리를 불어도
너희가 춤추지 않고
우리가 슬피 울어도
너희가 가슴을 치지
아니하였다 함과 같도다"
(마 11:17).

예수님께서는 믿음이 없는 이스라엘을 어린아이와 비교하셨다. 이것은 그들의 불신앙이 너무도 미성숙하고 철없는 것이기 때문이다. … 이스라엘은 자신들이 갖고 있던 선입견으로 인해 이런 반응을 보이고 말았다. "우리의 마음은 정해졌다. 그런 사실들로 우리를 헷갈리게 하지 말라." 의심 많은 사람은 굳어진 마음으로부터 자신의 불신앙을 정당화하기 위해 요한과 예수님을 거절할 온갖 명분을 찾았다. (스튜어트 K. 웨버)

세례 요한의 엄격한 금욕생활을 보고 유대인들은 그를 배척했습니다. "그는 귀신이 들렸다." 예수님이 다양한 계층의 사람들과 거리낌 없이 어울리자 이번에는 그것을 빌미 삼아 비난하고 공격합니다. "보아라. 저 사람은 마구 먹어대는 자요, 포도주를 마시는 자요, 세리와 죄인의 친구다."

예수님은 그들의 완악한 마음을 장터에 놀고 있는 어린아이와 같다고 말씀하십니다. 한 무리의 아이들이 다른 무리의 아이들에게 "우리 같이 결혼놀이 할래?"라고 말하자 "아니, 오늘은 별로 내키지 않아."라고 대답합니다. "그럼, 우리 장례놀이를 같이 할까?", "아니, 그건 재미없어."라고 말합니다. '꽁' 하니 심술부리는 철부지 어린아이처럼 이래도 싫고, 저래도 싫다며 절래절래 고개를 흔듭니다.

이스라엘의 선민의식은 오히려 독이 되고 말았습니다. 하나님의 택한 백성으로 살아가지도 않으면서 제 마음대로 허영의 옷을 걸치고 재판관이 되었습니다. 그들 안에 웅크린 교만은 세례 요한이 전하는 회개의 메시지도, 예수님이 전하는 구원의 메시지도 터무니없는 말로 들리게 했습니다.

이방인도 아닌 아브라함의 자손에게 회개라니 가당치도 않는 말이며, 예수처럼 힘없는 메시야라면 차라리 없는 게 낫다고 생각했습니다. 그러니 그들은 자신의 냉담함을 당연하게 여겼습니다. 영적 허영에 빠진 이스라엘은 스스로 왕이 되어버렸습니다.

안타깝게도 그들은 돌이킬 기회도, 생명의 초대도 거절하는 고집 센 아이로 남았습니다. 심술부리는 어린아이에게는 어떤 말도 소용이 없습니다. 이것이 이스라엘의 현주소입니다.

"예수께서 권능을 가장 많이 행하신 고을들이 회개하지 아니하므로
그 때에 책망하시되 화 있을진저 고라신아 화 있을진저 벳새다야…, 가버나움아
네가 하늘에까지 높아지겠느냐 음부에까지 낮아지리라…"(마 11:20-21, 23).

평생 어둠 속에 갇혔던 맹인이 눈을 뜨고,
귀신 들려 고통에 묶였던 자가 자유를 얻고,
황망하게 죽어가던 아이가 살아났습니다.

하나님은 기적이라는 은혜로 문을 두드렸지만,
이스라엘은 도무지 돌이킬 마음이 없어 보입니다.

회개하지 않는 자들을 책망하시는 주님 음성에
내 마음이 부대끼고 덜컹이는 건 왜일까요?

주님,
마음에 찔림이 있을 때 무심하지 않게 하소서.
변명하지 않고, 외면하지 않게 하소서.
부끄럽고, 괴롭고, 두려운 마음 그대로
주님 앞에 나아갈 용기를 주옵소서.
실패한 그 자리, 낮고 낮은 그 자리에서
오직 주의 은혜로 일어서게 하옵소서.

화를 삭이지 못하시는 예수의 모습은 상상하기 어렵다. … 아무리 가르치고 선포해도 들을 생각이 없는 사람들은 듣지 않는다. 자아에 포획당한 사람들은 마치 쇠항아리 속에 갇힌 것처럼 '다른 세계'를 보지 못한다. 갈대 구멍을 통해 세상을 보는 이들이 많다. 예수는 자신이 권능을 많이 행한 갈릴리 성읍들, 곧 고라신과 벳새다 그리고 가버나움이 회개하지 않는 것을 보고 역정을 내신다. (김기석)

넘실거리는 홍해 바다를 마른 땅처럼 건넌 이스라엘은 그 놀라운 기적에도 불구하고 끊임없이 원망과 불평을 토해내었습니다. 그들 중에 약속의 땅 가나안을 밟은 사람은 오직 갈렙과 여호수아 뿐이었습니다. 엘리야와 바알 선지자 사백오십 명이 갈멜산에서 대결할 때, 하늘에서 불이 내려와 재단을 태우자 이스라엘은 "여호와 그는 하나님이시로다, 여호와 그는 하나님이시로다"라고 거듭 고백했지만, 끝내 멸망의 길에서 돌이키지 않았습니다.

많은 사람들이 '성경에 기록된 기적 한 가지만이라도 직접 볼 수 있다면, 경험할 수 있다면 평생 흔들리지 않고 살아갈 수 있을

텐데'라며 아쉬워 합니다. 과연 그럴까요? 예수님이 행하신 수많은 기적을 지켜본 베드로, 거센 풍랑이 이는 바다 위를 걸었던 그였지만 결정적인 순간에 주님께 등 돌리며 저주의 말을 뱉고 말았습니다.

예수님은 회개하지 않는 마을을 책망하십니다. 그 땅에 베풀어진 기적이라면 이스라엘의 원수이자, 우상숭배의 근거지와 같았던 두로와 시돈이 벌써 재를 뒤집어 쓰고 회개했을 것이며, 멸망의 아이콘인 소돔이 지금도 남아 있었을 것입니다. 그들의 교만이 얼마나 심각했는지 감히 짐작하기 어렵습니다.

내 삶에 기적이 없다고 불평할 것이 아니라 피 묻은 십자가 은혜 앞에서도 자아를 매만지고 있는 미련함에 애통해야 합니다. 내 안에 계신 성령님의 음성에 민감하지 못하고, 헛된 세상의 정욕에 자석처럼 이끌리는 타락한 마음에 분노해야 합니다. 하나님의 한량없는 사랑에도 세상 염려로 벌벌거리고 있는 믿음 없음을 회개해야 합니다.

지나간 주일들을 떠올려봅니다.
주의 날인데 주인의 마음을 외면한
'내 맘대로의 주일'이었습니다.

빈 껍데기뿐인 형식과 올무와 같은 규칙이
버젓이 주인 행세를 하고 있습니다.
본말(本末)이 전도된 서글픈 자화상입니다.

안식일의 진짜 주인

마태복음 12장 1-8절

"인자는 안식일의 주인이니라 하시니라"(마 12:8).

그리스도의 부활을 기억하는
거듭난 자의 안식일을 소망합니다.

분주한 일상으로 가쁘게 몰아쉬던
숨을 천천히 가다듬고
안식일의 참 주인이신 주님의 리듬에
내 삶이 조율되길 원합니다.

안식일은 하던 일을 멈추고 우리 삶을 관조하는 시간이다. 스스로가 창조자가 되려는 열망을 잠시 내려놓고 하나님의 창조 리듬 속에 잠기는 시간이다. … 분주함이 신분의 대명사처럼 된 시대일수록 '멈춤'은 허용되지 않는다. 중단 없는 전진을 외치는 사회, 일등만이 살아남는다며 사람들을 강박적으로 몰아대는 시대에 안식일 계명을 지킨다는 것은 일종의 모험일 수 있다. (김기석)

배고픈 제자들이 밀 이삭을 잘라 두 손바닥 사이에 놓고 껍질을 벗기기 위해 비비는 것을 목격한 바리새인들은 부리나케 달려들어 예수님을 힐난합니다. 제자들이 안식일에 '일'을 했다는 것이 그 이유였습니다.

예수님은 사납게 날뛰는 말의 고삐를 지그시 잡아채듯, 흥분한 그들에게 사울 왕에게 쫓기던 다윗 일행이 제사장 외에는 먹을 수 없는 진설병을 먹은 이야기를 들려주셨습니다. 그리고 성전에서 일하는 제사장들이 안식일에 분주하게 일하는 것이 죄가 되지 않음을 상기시켜 주셨습니다. 바리새인들에게 계명의 참 뜻은 생명을 살리는 데에 있음을 일깨워준 것입니다.

안식일은 창조의 은혜를 베풀어 주신 하나님(창 2:1-3)과 구원의 은혜를 베풀어 주신 하나님(신 5:15)을 기념하는 날입니다. 하나님은 애굽에서 노예살이로 고통받던 이스라엘 백성이 하나님과의 언약관계를 회복하고 창조 질서에 맞춰 안식을 누리기 원하셨습니다. 그런데 바리새인들은 스스로 율법을 준수하려는 애씀이 지나쳐 무거운 종교적 의무만 남겨놓은 채, 정작 '안식'은 빼돌렸습니다.

예수님은 자비 없는 율법주의에 빠진 바리새인들에게 연이어 충격적인 말씀을 하십니다. "내가 바로 성전보다 큰 이며, 나는 자비를 원하고 제사를 원하지 않는다." 바로 예수님이 안식일의 주인임을 밝히신 것입니다. 나의 안식일을 되돌아봅니다. 일상의 분주함에서 한걸음 물러나 창조주 하나님을 경배하며 그분에게 시선을 고정하고 있는지를 말입니다. 행여나 본래의 의미를 잃어버리고 겉치레만 남은 텅 빈 안식일은 아닌지를 되돌아 봅니다.

슬픔의 깊이

마태복음 12장 9–21절

"바리새인들이 나가서 어떻게 하여 예수를 죽일까 의논하거늘
예수께서 아시고 거기를 떠나가시니 많은 사람이 따르는지라
예수께서 그들의 병을 다 고치시고"(마 12:14-15).

호시탐탐 빈틈을 노리던 바리새인들이
마침내 예수를 옭아맬 명분을 찾았습니다.
예수님이 회당 안의 손 마른 자를 고치셨습니다.
또 안식일을 어긴 것입니다.

"어떻게 예수를 죽일까?"
비열한 음모를 훤히 꿰뚫어 보시면서도
예수님은 조용히 그 자리를 떠났습니다.
관습으로 치장한 거짓 경건에 사랑의 진리로
판단이 아닌 사랑으로, 죽임이 아닌 생명으로
진정한 경건을 보이셨습니다.

예수님을 닮아가기를 기도합니다.
사사로운 이유로 성령의 역사를 방해하지 않게 하소서.

바리새인들은 안식일을 귀하게 여겨 아무것도 하지 않을 작정이지만, 예수님은 선을 행하실 작정이시다. 큰 충돌이 임박해 있음이 분명하다. 바리새 정신은 영적인 삶보다 관습을 사랑하며, 이는 종종 교회 내의 보수주의자들 사이에서 발견된다. 그들은 그리스도가 아니라 의식 준수에 그들의 소망을 둔다. … 충돌은 불가피해졌다. (마이클 그린)

심술궂은 아이가 친구의 선행으로 제 잘못이 드러나자 잘못을 인정하기는커녕 도리어 자신을 부끄럽게 한 친구 곁을 어슬렁거리며 시비거리만 찾고 있습니다. 바리새인의 모습이 이와 같습니다. 예수님이 일으키신 기적 앞에 겸손히 '아멘'하면 될 일을 애써 부인하며 대적하는 길을 택했습니다.

바리새인의 이 완악함은 어디에서 비롯된 것일까요? 그 까닭은 단 하나, 스스로 율법의 수호자이길 자처했지만 그 속이 '자기 의'로 가득 차 있었기 때문입니다. 고통받고 있는 한 사람을 살리는 기적보다 더 중요한 것은 자기들이 만든 전통과 관습, 의식준수였습니다. 그런데 예수님은 오랜 시간을 들여 촘촘히 구축해 놓은 의의 경계선을 마구마구 넘나들었습니다. 그러니 잔뜩 긴장할 수밖에 없었습니다.

어디 그뿐입니까? 경건은 자기들의 고유한 정체성이었는데, 온몸으로 경건한 삶을 살아내고 있는 예수라는 존재는 눈엣가시처럼 거북하고 거슬렸습니다. 가만히 생각해 보면, 이 얼마나 앞뒤가 맞지 않는 모순입니까? 안식일을 수호하기 위해 안간힘을 쓰는 바리새인들이 정작 안식일의 주인이신 예수님을 미워하고 죽이려고 하다니요.

이것은 신앙의 주체가 바뀌었을 때 나타나는 비극입니다. 하나님의 사랑에 나를 굴복시키지 않고 내 편협한 사랑에 하나님을 구겨 넣으려는 교만이 불러온 참극입니다. 이 비극 안에서, 나의 노력이 더해지면 더해질수록 하나님과의 관계는 점점 더 멀어집니다. 하나님은 사랑하는데 그 아들 예수 그리스도는 용납할 수 없습니다. 율법을 자기 마음대로 해석해 버린 바리새인들이 들려주는 슬픈 이야기입니다.

모험을 떠날 용기

마태복음 12장 22-30절

"예수께서 그들의 생각을 아시고 이르시되
스스로 분쟁하는 나라마다 황폐하여질 것이요
스스로 분쟁하는 동네나 집마다 서지 못하리라"(마 12:25).

"이는 다윗의 자손이 아니냐."
"그 무슨 터무니없는 소리!
이 사람은 귀신 두목의 힘을 빌린 것이다."

이 무슨 말도 안 되는 궤변일까요?
귀신의 힘을 빌어 귀신을 쫓아내다니요.
바리새인들의 어처구니 없는 핑계에
예수님은 냉담한 고집쟁이들을 타일렀습니다.

하나님, 주의 음성을 듣고도
헛된 고집을 부리지 않게 하옵소서.
순종하면 될 일을 순종하지 않기 위해
스스로 싸우지 않게 하옵소서.

주님이 말씀하실 때, "아멘" 하며
믿음의 모험을 떠날 용기를 주옵소서.

> 예수님의 사역은 하나님의 능력의 결과이고, 그것은 하나님 나라가 임했다는 증거다. 사탄과의 공조 결과가 아니라 사탄에 대한 하나님의 결정적인 승리를 입증하는 사건이다. 바리새인들의 주장은 논리적으로도 맞지 않을뿐더러 사실과도 부합하지 않는 궤변이다. … 명백한 사실을 아닌 것으로 조작하려면 이렇게 심한 고생을 해야 한다. (묵상과 설교)

귀신 들려 힘겹게 살고 있는 사람을 안타깝게 여기신 예수님이 그를 고쳐 주셨습니다. 하나님의 긍휼이 고통받는 이들 가운데에 임한 것입니다. 메시야가 오신 것입니다.

만일 바리새인들이 하나님을 경외하는 올바른 지도자였다면, 사탄의 압제로 고통받고 있는 사람이 고침 받을 때 함께 기뻐하며 예수님을 구세주로 받아들였을 것입니다. 그런데 또 말도 안 되는 억지춘향이와 같은 헛소리를 해댑니다. 바리새인들의 궤변은 마치 그 시작과 끝이 어디인지 알 수 없는 뫼비우스의 띠와 같습니다. 그들은 마음의 도무지 요지부동입니다. 마치 출애굽기에 나오는 애굽의 바로처럼 멸망을 작정한 것 같습니다.

하나님의 역사를 부정하는 그들의 논리는 어린아이도 설득하기 어려울 정도로 듣기 민망한 궤변입니다. 그런데도 종교 지도자들이라는 이가 부끄러운 줄도 모르고 천연덕스럽게 내뱉고 있습니다. 예수님은 앞뒤가 맞지 않는 그들의 주장에 따끔한 일침을 가하시며, 이미 도래한 하나님 나라의 권세를 받아들이라고 말씀하십니다. 괜히 어슬픈 지식으로 아는 체하지 말고 다윗의 자손으로 오신 예수님이 메시야임을 인정하라는 것입니다.

여기에는 어떤 타협도 있을 수 없습니다. 예수 그리스도를 따를 것인가? 아니면 귀신의 왕 바알세불의 하수인으로 살 것인가? 두 길 밖에 없습니다. 불신앙으로 무장한 바리새인들의 서글픈 궤변에 나의 모습을 투영해봅니다.

날마다 말씀으로 기적의 삶을 인도하시는 하나님을 신뢰하며 모험을 결단합니다. 복음이면 충분합니다. 나를 위해 피 흘리신 예수님의 사랑 외에 무엇이 더 필요할까요? 그 사랑에 매여 매일 주와 함께 동행하는 은혜를 간구합니다.

하나님만 선포하게 하옵소서

마태복음 12장 31-37절

언어에는 온도가 있다고 합니다.
'따뜻한 말'과 '차가운 말'이 있다는 말이지요.
무심코 내뱉은 한마디 말에 사람을 잃을 수도 있다지요.
따뜻한 말은 절망 가운데 있는 사람을 일으켜 세우고
생(生)을 포기하려는 사람을 너끈히 다시 살게 합니다.

성령의 역사를 사탄의 역사로 호도하는 바리새인에게
예수님은 너희가 말로 인해 심판을 받을 것이라고 하십니다.
적의로 가득 찬 그들의 속내는 말에서 드러났습니다.

오늘 내가 한 말 한마디 한마디에 대해
책임을 져야 할 때가 곧 옵니다.

"내가 너희에게 이르노니
사람이 무슨 무익한 말을 하든지
심판 날에 이에 대하여 심문을 받으리니
네 말로 의롭다 함을 받고
네 말로 정죄함을 받으리라"(마 12:36–37).

말은 우리 마음 깊은 곳에 있는 가치관, 우선순위, 생각, 태도를 길러내는 우물과도 같다. 혀는 그 우물에서 물을 긷는 물통이다. 사람들이 실제로 보이지 않는 그 우물에서 물을 마시기 전까지는 그 물이 좋은지 나쁜지, 생명을 살리는 것인지 독이 들어 있는 것인지 알 수 없다. 바리새인들의 사악함이 숨겨진 우물은 그들의 신성모독적인 말로 실체가 드러났다. 예수님은 그들을 향해 엄중히 경고하셨다. (찰스 스윈돌)

신앙의 연수가 한 해 두 해 쌓여가고, 하나님과의 관계는 그 어느 때보다 친밀해집니다. 하지만 일상에서 마주 대하는 가까운 사람들에게 여전히 불친절하고 퉁명스러울 때가 있습니다.

왜 그럴까요? 이제는 타인에 대한 친절이 몸에 배고 부드러운 성품이 될 법도 한데, 하나님에 대한 사랑이 깊어질수록 교만한 마음도 그만큼 커지는 이유는 무엇일까요? 우리 안에 숨겨진 '부패한 본성'은 이처럼 뿌리가 깊습니다. 찰나의 방심에도 하나님을 찬송하던 입에서 저주의 말이 속절없이 튀어나옵니다.

"죄인 중에 내가 괴수니라"(딤전 1:15).

바울이 말한 내가 바로 죄인입니다. 바리새인을 향한 예수님의 준엄한 경고로 나의 신앙생활을 점검해 봅니다. 먼저 성령 하나님을 근심하게 하고 있지는 않는지, 성령을 소멸시키는 죄를 범하고 있지는 않는지, 열매 없는 삶을 살고 있는지 살펴봅니다. 그리고 산상수훈의 교훈을 따르며 성령의 열매를 맺으며 나의 언어생활에 생명을 살리는 온기가 있는지 살펴봅니다.

내가 한 말이 곧 심판의 날에 나의 운명을 결정할 것입니다. 이 얼마나 두려운 말씀입니까? 무심코 생각 없이 한 말이 영원을 가릅니다. 한 번 내뱉은 말은 다시 주워 담을 수 없습니다.

하나님, 믿음을 고백하면서도 쉽게 부정적인 말을 입 밖에 내고 그 경솔함을 전혀 두려워하지 않았음을 깊이 회개합니다. 생각 없이 내뱉는 부주의한 말을 삼가할 수 있는 지혜를 주옵소서. 주님을 부인하는 그 어떤 말도 하지 않게 하옵소서. 오직 성령 하나님이 주신 말, 진리를 전하고 증거하는 말, 하나님의 영광을 선포하는 말만 하게 하옵소서.

"누구든지 하늘에 계신 내 아버지의 뜻대로 하는 자가
내 형제요 자매요 어머니이니라 하시더라"(마 12:50).

새로운 관계로 초대
마태복음 12장 38-50절

"누가 내 어머니이며 내 동생들이냐?"
마리아가 놀랄 틈도 없이
예수님은 새로운 관계로 초대하십니다.
"내 아버지의 뜻대로 하는 자가
내 형제요 자매요 어머니이니라"

사람들이 나를 볼 때
예수님의 형제자매라는 생각이 들까요?
나의 삶은 누구의 뜻을 따르고 있는지
가만히 거울에 비추어 봅니다.

행여나 제 혼자 예수의 제자요,
신부인 양 착각의 옷을 입고 있는 것은 아닌지
고개 돌려봅니다.

누가 예수님의 참된 가족인가? 제자의 삶을 사는 사람, 곧 하나님의 뜻대로 사는 사람들이라고 하신다. 영적인 관계가 가족 관계보다 더 깊고 중요하다는 뜻이다. 가족을 매우 소중히 여겼던 당시 사회에서는 참으로 충격적인 말씀이다. 그렇다고 해서 예수님이 가족의 중요성을 부인하시는 것은 아니다. 제자들과 영으로 맺어진 관계가 혈육 관계보다 더 중요하다고 하시는 것 뿐이다. (송병현)

이웃에 사는 여인이 마리아를 찾아와 예수에 대한 소문을 들려주었습니다. "마리아, 당신의 아들 예수가 큰 이적을 행하고 있어요. 맹인이 보고, 못 걷던 사람이 걷고, 나병환자가 깨끗이 낫고, 듣지 못하던 사람이 듣고, 죽은 사람이 살아나고, 가난한 사람들에게 복음을 전한대요. 정말 우리가 기다리던 메시야가 아닐까요?" 얼마 후 "마리아, 예수가 안식일을 어겨서 바리새인들과 심각하게 다투고 있어요. 이러다 무슨 일이 생기는 건 아닌지 걱정이에요." 그때 또 다른 소문이 들려옵니다. "어머니, 형님이 귀신들려 미쳤다고 합니다. 어떻게 하면 좋을까요?"

마리아는 여기저기서 들려오는 종잡을 수 없는 소문에 마음의 갈피를 잡을 수가 없습니다. 예수가 어떤 아들입니까? 성령으로 잉태된 아들, 그런데 그 아들이 귀신에 들려 미치다니…. 어서 가서 집으로 데려와야 한다는 생각에 다급히 길을 나섰습니다.

"예수님, 어머님과 동생분들이 찾아오셨습니다."

식사할 틈도 없이 바쁜 예수님이 황급히 가족을 맞이했습니다. 마리아의 생각을 훤히 아시는 예수님은 어떤 눈빛으로 바라보셨을까요? 며칠 동안 그 장면을 몇 번이나 그려보았습니다.

예수님은 자애롭고도 포근한 눈빛으로 "어머니, 성령으로 시작된 일이 어찌 육신(마귀)의 일로 끝맺음을 하겠습니까?"라고 말씀하시며 마리아의 걱정을 일순간에 잠재워주셨을 것입니다. 그리고 이 세상 그 어떤 세력도 절대 허물 수 없는 놀라운 관계로 초대하십니다. 복음으로 하나되는 천국 가족입니다. 첫 사람 아담의 불순종을 덮고도 남을 예수 그리스도의 순종으로 맺어진 놀라운 관계입니다. 그 일을 위해 예수님은 이 땅에 오신 것입니다.

"우리의 크신 구주"

예수! 죄인들의 좋은 친구!
예수! 내 영혼의 연인!
친구들은 나를 실망시키고, 원수들은 나를 공격하지만,
내 구주이신 예수께서는 나를 온전하게 해주십니다.

(후렴)
할렐루야! 아주 좋으신 구주!
할렐루야! 아주 좋으신 친구!
주는 끝까지 나와 함께 계셔서
구원하시고, 도우시며, 지키시고, 사랑하십니다.

예수! 연약할 때에 힘이 되어주시는 주!
나를 그 안에 숨겨주시고,
내가 시험받고, 시련을 당하며, 종종 실패할 때,
주는 내 힘이 되어주셔서 승리하게 하십니다.

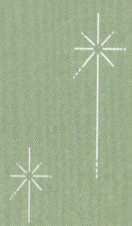

예수! 슬플 때에 도움이 되어주시는 주!
큰 파도들이 내 위로 덮치고,
내 마음이 낙심될 때,
나의 위로 되시는 주는 내 영혼을 도우십니다.

예수! 나를 인도하시고 지키시는 주!
거센 풍랑이 일어서
밤새도록 나를 덮칠 때,
나의 조타수 되시는 주는 나의 부르짖음을 들으십니다.

예수! 이제 나는 내가 주 안에서 발견한 모든 것보다도
더 많이 주를 찾고 의지합니다.
주가 내게 죄 사함을 주셨으니,
나는 주의 것이고. 주는 나의 것입니다.

— 채프먼(1859~1918)

좋은 밭
마태복음 13장 1-17절

말씀을 들어도
도무지 와닿지 않을 때가 있습니다.
굳어진 마음에 교만이 먼저 싹을 틔운 모양입니다.

받은 은혜를 기억하고자 마음에 새겨보지만
분주한 일상의 파도에 쓸려 흔적조차 희미합니다.

말씀을 붙잡고 살아가지만
가시덩쿨처럼 숨통을 조여오는
세상의 염려와 근심, 돈의 위력 앞에 뒷걸음질치는 나…

하나님의 말씀이 제대로 심기어
삼십배 육십배 백배 열매맺는 좋은 밭이 되길 원합니다.

그 열매가 또 다른 씨앗이 되어 전달되기를 기도합니다.

"더러는 좋은 땅에 떨어지매
어떤 것은 백 배, 어떤 것은 육십 배,
어떤 것은 삼십 배의 결실을 하였느니라
귀 있는 자는 들으라 하시니라"
(마 13:8-9).

예수는 비유를 통해 제자와 무리를 구별하고 계신다. 씨가 모든 밭에 뿌려지듯 천국 복음은 모두에게 들려진다. 하지만 그 신비를 이해할 수 있는 자들은 천국 안으로 들어온 자뿐이다. … 천국의 비밀을 깨닫는 자는 씨의 풍성한 결실을 맛보겠지만, 비밀을 깨닫지 못한 자는 뿌려진 씨마저 상실하는 불행을 마주할 것이다. 이것이 '있는 자는 넉넉하게 되고 없는 자는 있는 것도 빼앗긴다'는 말씀이 의미하는 바다. (묵상과 설교)

좋은 밭에 대한 설교를 들을 때마다 가슴이 아렸습니다. 그 이유는 내 삶에 자랑할 만한 열매가 아무것도 없었기 때문입니다. 말씀에 뿌리를 내리지 못하고, 세상에 허우적거리며 안타까이 생존을 위해 발버둥치는 내 모습이 처량하고 애닯기만 합니다.

예수 그리스도를 삶의 주인으로 선포하며 먼저 그의 나라와 그의 의를 구하는 야무진 삶에 도전합니다. 그러나 가시덤불이 우거진 마음은 얼마 지나지않아 이전의 삶으로 돌아갑니다. 작심삼일이 예삿일이 됩니다. 그럼에도 타인의 눈을 의식한 어설픈 신앙놀

이는 계속됩니다. 열매 없는 삶에 고난이 찾아와도 하나님을 원망하지 않는 것을 마치 큰 자랑인 양 위안 삼지만 나도 모르게 염려에 한숨, 근심에 한숨, 두려움에 한숨을 내쉽니다.

예수님은 말씀하십니다. "귀 있는 자는 들으라."

천국 복음은 모든 사람에게 차별없이 선포되는 복음, 그 비밀이 훤히 드러난 복음입니다. 민족의 경계도, 시간의 이르고 느림도, 신분의 높고 낮음도 상관이 없습니다. 선포된 말씀이 어떤 결과로 이어질지는 우리 각자의 몫입니다. 이제 남은 것은 하나입니다. 주의 말씀으로 나의 마음을 갈아엎는 것입니다.

하나님, 강퍅한 마음, 돌밭 같은 마음, 가시떨기로 덮인 마음이 부드러운 옥토가 될 때까지 말씀을 붙잡고 자아와 씨름하겠습니다. 마음 속에 감추인 교만과 헛된 정욕, 이기적인 자기 사랑을 제거하고 어린아이 같은 순전한 마음으로 주를 경외하며 살아가겠습니다. 날마다 나를 부인하고 제 십자가를 지고 주님을 따르는 좋은 밭이 되겠습니다.

가라지와 함께 살기

마태복음 13장 18-30절

"주인이 이르되 가만 두라 가라지를 뽑다가
곡식까지 뽑을까 염려하노라"(마 13:29).

봄이 되면, 굳었던 땅을 갈아엎고 땅을 고릅니다.
구덩이를 파고 모종을 심고, 물도 주고
꽃피우고 열매맺는 그날까지 정성스레 돌봅니다.

그런데 심은 적도, 가꾼 적도 없는데
버젓이 뿌리내린 잡초가 눈엣가시입니다.
도끼눈을 뜨고 사납게 낚아채보지만 그때 뿐이고,
애써 가꾼 작물까지 덩달아 뽑히기도 합니다.

세상은 알곡과 가라지가 함께 자라는 밭입니다.
주님도 가라지의 악함을 아시지만, 그냥 두고 보시는 건
소중하게 가꾼 곡식이 다칠까 함입니다.

가라지가 성가셔도 불평하지 않겠습니다.
유능하고 성실하신 농부, 주님을 신뢰하겠습니다.

우리는 우연히 여기에 있는 것이 아니다. 주께서 우리를 세상에 심으셨다. 그러므로 세상을 피하려고 해서는 안 된다. … 우리는 심겨진 곳에서 열매를 맺어야 한다. … 그리스도인들은 세상을 정죄하거나 외적 개혁을 강요해서는 안 된다. 물론 그들의 죄에 대해서는 경고하는 설교를 해야 한다. 우리가 받은 명령은 복음을 가르치고 의의 본이 되는 삶을 사는 것이다. 결코 하나님의 사형 집행관이 되어서는 안 된다. (존 맥아더)

처음 복음을 깨닫고 주님을 영접했을 때가 생각납니다. 경이로운 기쁨에 가슴이 벅찼습니다. 일상의 모든 것들이 예전과 달라 보였습니다. 매일 걷던 골목길에 마주하는 햇살조차 남다르게 와닿았습니다. '주님과 함께라면' 그걸로 충분했습니다.

그런데 세상은 그대로였습니다. 악의 위세는 조금도 수그러들지 않고 불의한 자들의 웃음은 끊이지 않았습니다. 왜 하나님은 악한 자들을 심판하지 않고, 선한 사람들의 고통에 침묵하시며 간절한 기도에 응답하지 않는지 온통 의문투성이였습니다.

그 의문은 오랜 시간이 흐른 뒤에야 걷혔습니다. 가라지를 솎

아내려는 종들에게 주인은 그럴 것이 없다고 말합니다. 괜히 가라지를 뽑으려다 애써 가꾼 곡식마저 뽑힐까 염려스러웠기 때문입니다. 그러나 추수 때가 오면 곡식에 빌붙어 기세등등하던 가라지는 남김없이 불태워질 것입니다. 예수님은 가라지 비유를 통해 심판은 우리의 권리가 아니라 공의로운 하나님의 절대주권에 속한 것임을 알려줍니다.

지금 내 옆에 있는 가라지에 불평하느라 시간을 낭비하지 말고 내가 심어진 그곳에서 천국 백성으로 묵묵히 살아가면 됩니다. 우리도 한때 가라지와 같은 인생이었으나 하나님의 은혜로 곡식이라 불리게 된 사람들입니다. 그러니 그 부르심에 합당한 알곡의 삶으로 영글어 가야 합니다. 소돔과 고모라 같은 세상에 당당히 맞서며 빛의 자녀로, 예수의 제자로, 복음을 전하는 전도자로 꿋꿋이 살아가는 것이 알곡의 삶입니다.

세상이 아무리 어지러워도 히브리서에 기록된 저 믿음의 선진들이 걸었던 영광스러운 순례의 길을 힘차게 걸으면 됩니다.

소리없이 스며들어 자라나다

마태복음 13장 31-43절

늘 같은 자리를 지키는 키 큰 벚나무
잠시 멈추어 올려다봅니다.
저렇게 무성하게 자랐지만,
그 시작은 작은 '씨앗'이었을 테지요.
따스한 햇살, 산들바람, 때맞춰 내리는 비가
소리 없이 스며들어 아름드리로 키워냈을 겁니다.

하루하루, 한 해 또 한 해…
아무 일도 일어날 것 같지 않은 내 모습에 의기소침해지지만,
내 안에 믿음 씨앗은 소리 없이 자라고 있겠지요?
아름다운 나이테도 새겨지고,
누군가가 기댈만한 품도 만들어질 테지요.

바라기는, 나와 마주하는 사람에게
하나님 사랑의 향기로 스며들면 좋겠습니다.

"이는 모든 씨보다 작은 것이로되
자란 후에는 풀보다 커서 나무가 되매
공중의 새들이 와서
그 가지에 깃들이느니라"
(마 13:32).

왕의 도래로 인하여 일어난 변화는 대부분의 유대인들이 기대하던 군사적, 정치적 정권 인수가 아니라는 점이다. 오히려 왕이신 예수님께서 일으키신 변화는 사람들의 보이지 아니하는 내부에 일어난 변화다. 예수님의 나라는 보이지 아니하는 대적들에게서 영적 영토를 되찾아왔다. 예수님께서는 영혼을 구출한 것이지 땅이나 세상의 권력을 획득한 것이 아니다. 그럼에도 불구하고 천국의 메시지는 온 세상에 전파될 것이다. (스튜어트 K. 위버)

천국은 겨자씨 한 알과 같다는 예수님의 말씀은 이미 성취된 것이나 마찬가지 아닐까요? 갈릴리에서 미미하게 시작된 복음은 130여 년 전, 은둔의 나라 조선에도 뿌려졌습니다. 그 열매가 바로 오늘의 우리들입니다.

예수님이 사역하시던 당시 제자들의 입장에서 보면, 거대한 로마제국의 압제와 같은 동족인 서기관과 바리새인의 거센 반발로 하나님 나라는 그야말로 바람 앞에 놓인 등잔불처럼 위태롭게 보였을 것입니다. 동요하는 제자들의 마음을 아신 예수님은 의도적으로 복음의 생명력이 어떤 결과를 낳을지 알려주신 것입니다.

지금 당장 수고의 열매가 나타나지 않아도 낙심하거나 좌절하지 않아도 됩니다. 하나님이 시작하셨으니 온 세상이 복음에 무릎 꿇을 것입니다. 작은 누룩이 반죽을 전부 부풀게 하는 것처럼 하나님의 나라는 은밀하게 확장될 것입니다. 마치 바울 한 사람의 회심이 유럽의 역사를 바꿔 놓았듯 말입니다.

삼십여 년 전, 기독교에 대해 전혀 무지했던 나에게 복음의 씨가 심겼습니다. 그 씨는 자라기를 멈추지 않았습니다. 이 세상에서 번듯하게 성공하고 싶었던 나를, 부자가 되고 싶었던 나를, 힘을 갖고 싶었던 나를 다듬어 갔습니다.

헛된 가치에 눈먼 나를 일깨워 하나님의 자녀로 예수 그리스도의 제자로 빚어갔습니다. 죄의 무서움에 몸서리치게 했고 하나님을 떠난 삶의 비참함을 보게 했습니다. 주홍같이 붉은 나의 죄를 사하시려고 독생자 예수 그리스도가 십자가에서 어떻게 죽으셨는지 깨닫게 되었고 그 사랑에 매여 사는 은혜를 누리게 하였습니다.

좋은 것을 알아버렸어요

마태복음 13장 44-58절

"천국은 마치 밭에 감추인 보화와 같으니
사람이 이를 발견한 후 숨겨 두고 기뻐하며
돌아가서 자기의 소유를 다 팔아
그 밭을 사느니라"
(마 13:44).

어떤 물건의 비밀스러운 값어치를 알게 되었다면
두 번 생각할 것 없이 달려가
누가 사기 전에 내 것으로 만들 겁니다.
하물며 영원한 생명의 복음을 발견했는데
머뭇거릴 이유는 없겠지요.
내가 가진 전부를 걸고서라도 붙잡아야겠지요.

불룩한 나의 가방에는 무엇이 들었을까요?
잔뜩 기대하며 하나씩 꺼내 놓고 보니,
하나님 나라와 조금도 상관없는 것뿐입니다.
온통 세상이 부러워 챙겨 둔 물건들이 꽉 들어차 있었습니다.

내 뜻으로 움켜쥔 것들을 내려놓고
주님 주시는 것들로 채우고 싶습니다.
이 땅에 거하지만 하나님 나라의 비밀을 아는 자,
그것을 소유한 자로 살아가겠습니다.

이 비유에서 제자가 하나님 나라를 위해 자신의 소유를 포기하는 행동은 희생의 관점에서 이해되어서는 안 된다. … 그는 자신의 소유를 팔 때, 대단한 희생을 하는 것처럼 생색을 내거나 마지못해 하며 팔지 않았다. 그와 반대로 그는 전적으로 '기뻐하며' 팔았던 것이다. … 이것은 분명 세상의 상식을 벗어난 결단과 태도 그리고 행동일 수 있다. 그러나 이것이야말로 하나님 나라의 진정한 가치를 깨달은 제자들만 행할 수 있는 하나님 나라의 비밀이다. (양용의)

전쟁과 약탈이 잦았던 시대, 귀중품을 밭에 감추는 일은 흔했습니다. 문제는 밭주인의 갑작스러운 죽음입니다. 그러면 보물은 주인을 잃고 발견하는 사람의 소유가 되는 것이 당시 일반 관례였습니다.

우연히 주인없는 보물을 발견한 농부의 마음을 헤아려봅니다. 그날도 생계를 위해 부지런히 이웃의 밭을 일구고 있었습니다. 흐르는 땀에도 아랑곳하지 않고 곡괭이질을 하던 그때, 무언가 덜컥 걸리는 소리가 났습니다. 분명 돌덩이는 아닌 것 같은데 조심스럽게 흙을 걷어내고 보니 귀한 물건이 담겨 있을 법한 상자였습니다. 말로만 듣던 주인없는 보물상자를 발견한 것입니다. 황급히 주위를 살펴보고 서둘러 흙을 덮습니다.

"쿵쾅쿵쾅" 귓전에 울리는 심장소리에 정신이 혼미할 지경입니다. 어느 누구에게도 말할 수 없는 비밀을 갖게 된 그가 할 수 있는 것은 하나뿐입니다. 모든 소유를 팔아서라도 그 밭을 사는 것입니다. 밭주인이 얼마를 요구해도, 주위 사람들이 이상하다고 놀려도 괜찮습니다. 가족으로부터 심한 오해를 받아도 상관없습니다. 그럴수록 그의 입에는 싱글벙글 웃음꽃이 피고, 가슴에는 두근두근 흥분이 가라앉지 않았을 테지요.

하나님, 영원한 하늘 보화를 발견했으니 이 세상에 미련을 두지 않고 온 마음을 다해 믿음으로 살아가겠습니다. 삶을 뒤흔드는 고난이 찾아올지라도 물러서지 않고, 복음을 위해서라면 그 어떤 희생도 마다하지 않는 제자로 살아가겠습니다. 나의 삶이 번제와 같이 드려지길 소원하며 하늘 영광을 구하면서 살아가겠습니다.

진리의 안경으로 보기

마태복음 14장 1-12절

헤롯 왕이 불의함에 세례 요한은 거침없이 왕을 꾸짖었습니다.
기분이 상한 왕은 세례 요한을 죽이고 싶었지만
백성의 눈이 두려워 감옥에 가두는 걸로 만족했습니다.
하지만 사탄은 멈추지 않았습니다.
"세례 요한의 머리를 쟁반에 담아서 이리로 가져다주십시오."
딸 살로메의 소원을 들어주겠다던 헤롯의 호언장담은
감당하기 어려운 살인명령이 되어버렸습니다.
헤롯은 잘못된 일인 줄 알았지만, 돌이키지 못했습니다.

불의를 감추기 위해 진리를 외면하지 않기 원합니다.
나를 지키기 위해 누군가 희생양 삼는 일이 없길 바랍니다.
무엇보다 옳은 것을 분별하는 바른 시선을 갖게 하옵소서.

"왕이 근심하나 자기가 맹세한 것과
그 함께 앉은 사람들 때문에 주라 명하고"
(마 14:9).

> 헤롯은 세례 요한이 성경적인 진리를 가르치고 의로운 가르침을 주는 것은 좋아했습니다. 그런데 요한이 그의 잘못을 구체적으로 지적하면서 책망했을 때 헤롯은 세례 요한과 원수가 되었습니다. 진리를 듣고 감상하는 것은 좋아하지만 자기 생활을 바꾸고 자신의 삶을 바꾸는 것은 아주 싫어했습니다. 결국 헤롯은 요한의 설교와 책망을 듣고도 진리의 편에 서지 못하고 진리를 대적하는 자가 되었습니다. (김서택)

세례 요한의 죽음을 어떻게 받아들여야 할까요? 쟁반에 올려진 그의 머리를 생각하니 비탄하기만 합니다. 몇 날을 생각하다가 '아, 요한은 밭에 감춰진 보화를 발견한 농부였구나!'라는 깨달음이 찾아왔습니다. 그제야 요한의 삶이 와닿습니다. 자칫 허망해 보일 수 있는 그의 죽음도 참 요한스러운 죽음이었습니다.

"회개하라." 광야에서 거침없이 외치던 요한은 불의한 왕의 행동에 침묵할 수가 없었습니다. 설령 그 결말이 죽음일지라도……. 처음부터 끝까지 그가 두려워한 것은 오직 한 분 하나님뿐이었습니다. 요한에게 사명은 자신의 생명보다 더 중요했습니다.

세례 요한을 죽인 헤롯의 삶은 어떻습니까? 상식적으로도 인륜적으로도 비난받아 마땅한 부도덕한 행동을 마구 일삼았습니다. 넘지 말아야 할 선을 마음대로 지워버렸고, 지켜야 할 규칙을 무시했습니다. 야망에 눈이 멀고 주체할 수 없는 정욕에 눈이 뒤집혀 바른 삶의 기준을 잃어버렸습니다. 탐욕의 안경을 쓴 것입니다.

선지자의 경고에 귀를 닫고 양심의 소리를 외면한 그는 알량한 권력의 힘으로 세례 요한을 감옥에 가두어버렸습니다. 돌이킬 수 있는 기회를 냅다 던져 버린 것입니다.

파멸의 불꽃은 의붓딸 헤로디아의 춤사위로 불타올랐습니다. 흥이 오른 헤롯은 허세를 부리며 말했습니다. "소녀가 원하는 것은 무엇이든 들어주겠다." 그러자 소녀는 세례 요한의 목을 요구합니다. 놀란 헤롯은 어찌할 바를 몰랐지만 하나님보다 사람들의 눈이 두려워 요한을 무참히 죽이고 말았습니다. 이제 그를 기다리는 것은 죄의 나락으로 떨어지는 것입니다. 진리의 안경을 쓰지 못한 자의 어리석은 선택이 낳은 비극입니다.

예수님을 내 삶의 주인으로 고백한 그날부터
느낄 수 있었습니다.

한순간도 눈을 떼지 않고 돌보시는 그 애틋함
나의 필요를 나보다 먼저 아시는 세심함
예수님은 그렇게 나는 돌보고 계셨습니다.

쉼 없는 경쟁이 난무하고, 매 순간 안간힘을 쓰지 않으면
이내 낙오자의 굴레가 씌워지는 황폐한 세상에서
혼자인 것 같아 고개 숙이고 있을 때,
차오르는 슬픔을 못 이겨 울먹이고 있을 때,
견디기 힘든 고통 앞에 한숨 쉬며 주저앉아 있을 때,
나를 불쌍히 여기시는 예수님은 세상 모든 온기로
나의 오늘에 따뜻한 숨결을 '후욱' 불어 넣어 주십니다.

흐르는 눈물을 닦아주시고
움츠린 어깨를 가만히 토닥여주시는 그 사랑이
오늘도 햇살처럼 빛납니다.
그 햇살이 오늘도 믿음과 소망과 사랑으로 살아가게 합니다.

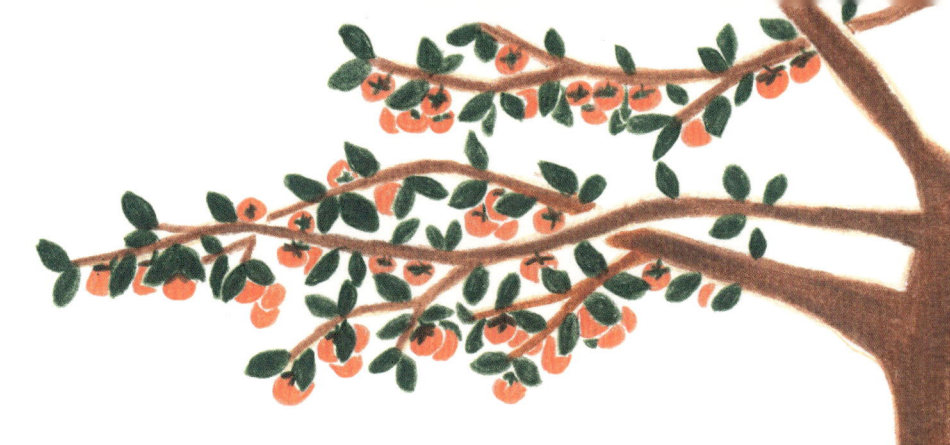

햇살 같은 오늘

마태복음 14장 13-21절

"예수께서 나오사
큰 무리를 보시고 불쌍히 여기사
그 중에 있는 병자를 고쳐 주시니라"
(마 14:14).

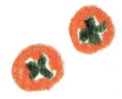

무리를 보신 예수님의 마음 깊숙한 곳에서는 동정심이 움직이고 있었다. 이것은 대단히 놀라운 일이다. 예수께서 평안과 고요함과 한적함을 찾으려고 간 곳에서 무엇인가 얻으려는 군중이 기다리고 있었다. 이런 때 보통 사람이라면 화를 내고 기분 나쁜 태도를 보였을 것이다. … 그러나 예수께서는 그와 같이 생각하지 않았다. 그들에 대해 염증을 느끼기는커녕 그들을 긍휼히 여기는 마음이 끓고 있었다. (바클레이)

"예수님, 저희 스승님이 돌아가셨습니다." 세례 요한의 제자들로부터 비보를 전해 들으신 예수님의 마음을 묵상해봅니다. 구약의 마지막 선지자, 엘리야의 심령과 능력으로 주의 길을 예비하는 사명을 받은 자, 예수님으로부터 "여자가 낳은 자 중에 세례 요한보다 큰 이가 일어남이 없다."라고 칭찬받은 요한이 역사의 뒤안길로 사라졌습니다. 구약의 마침표가 찍힌 것입니다.

유유히 물결을 헤치고 나아가는 뱃전에서 예수님은 어떤 상념에 젖었을까요? 일평생 나실인으로 하나님의 뜻에 순복한 세례 요한의 삶을 생각하셨을까요? 아니면 욕망을 채우기 위해 제멋대로 권력을 휘두른 헤롯 왕의 잔인하고 비겁한 삶을 생각하셨을까요?

성경에 구체적인 기록이 남아있지 않아 알 수는 없지만 예수님의 마음이 몹시 궁금해졌습니다. 한편으로는 '이런 생각을 해도 되나?' 하는 불경스러운 마음이 들어 성령 하나님의 도우심을 구하며 몇 날을 기다려봅니다.

그러던 어느 날 문득, "불쌍히 여기사"라는 말씀이 와닿습니다. 창조주 하나님의 품을 떠난 가련한 인생들이 엮어내는 슬픈 몸짓이 예수님의 마음을 찢어놓지 않았을까요? 세례 요한의 삶도, 헤롯의 삶도 모두 가엾기 그지없습니다. 물론 그 삶의 열매는 엄연히 다르겠지만⋯⋯.

빈 들에서 예수님을 기다린 것은 목자 없이 길을 잃은 양 떼 같은 큰 무리였습니다. 싫은 내색을 할 법도 하건만 예수님의 마음은 긍휼로 끓어올랐습니다. 쉴 틈도 없이 병든 자를 돌보시고 치료하시고 고쳐주셨습니다. 고운 햇살 같이 따뜻한 그 사랑이 오늘을 살아가게 하고 내일의 소망을 붙들게 합니다.

또다시 잊어버리다

마태복음 14장 22-36절

제자들에게 예수님은 어떤 분이셨을까요?
귀신을 쫓아내고, 눈 먼 자가 눈을 뜨고,
수십 년 앓았던 불치병을 고치고
회당장의 죽은 딸이 다시 살아났습니다.
오병이어의 기적은
불과 몇 시간 전에 경험한 기적입니다.

그러나
휘몰아치는 풍랑에 시선을 빼앗겼습니다.
노련한 어부였던 제자들이 두려움에 휩싸이고 맙니다.
기억상실증,
제자들이 그리고 내가 앓고 있는 병입니다.

"밤 사경에 예수께서 바다 위로 걸어서 제자들에게 오시니
제자들이 그가 바다 위로 걸어오심을 보고 놀라
유령이라 하며 무서워하여 소리 지르거늘
예수께서 즉시 이르시되 안심하라 나니 두려워하지 말라"
(마 14:25-27).

광야의 오병이어 기적이 만나 사건을 재현한 것이라면, 물위를 걸어서 제자들을 안전한 항구로 인도하신 사건은 홍해를 가르고 백성들을 바로의 추격으로부터 지켜준 사건을 재현한 것이다. 예수님은 바로 하나님의 구원 사역을 위임받아 새이스라엘을 창조하기 위해 오신 메시야로 활동하고 계셨던 것이다. 이제 제자들에게 필요한 것은 의심이 아니라 믿음이었다. (묵상과 설교)

오병이어의 기적을 겪고도 예수님이 어떤 분인지 제대로 깨닫지 못한 제자들의 모습은 광야 이스라엘 백성과 같습니다. 기적이 일상이었던 그때에 이스라엘 백성은 문제를 만날 때마다 홍해를 가르신 하나님을 기억하지 못하고 원망과 불평을 쏟아냈습니다. 믿음으로 반응하지 못하고 의심만 가득해서 반역의 돌로 모세를 쳐죽이려고 했습니다. 망각의 덫에 걸린 광야 1세대는 갈렙과 여호수아를 제외하고는 누구도 약속의 땅을 밟지 못했습니다.

제자들이 예수님의 말씀에 따라 배를 타고 건너편으로 가던 중 거센 역풍을 만났습니다. 노련한 뱃사람이었던 제자들은 축적된 경험을 바탕으로 있는 힘껏 노를 저으며 갖은 노력을 다해봅니다. 그러나 상황은 좀처럼 나아질 기미가 보이지 않습니다. 마침내 체력이 바닥나고 기진맥진한 자리에 죽음의 공포가 밀려왔습니다. 오병이어 기적의 떡을 떼던 손에 맥이 풀리고 손끝으로 두려움이 전해집니다.

그때, 예수님이 바다 위를 성큼성큼 걸어오십니다. 아마도 제자들이 걱정되어 부리나케 달려오셨을 것입니다. 그런데 제자들의 반응이 뜻밖입니다. 요동치는 배 안에서 간절히 예수님을 찾았을 텐데 정작 예수님이 나타나시자 "유령"이라며 무서워합니다.

설마 예수님이 바다 위를 걸어오실 줄은 꿈에도 생각하지 못했겠지요. 이것은 나의 모습이기도 합니다. 하나님께 도움을 구하면서도 여전히 내 생각에 사로잡혀 있습니다. 생각해 보면, 바람과 바다를 다스리시는 예수님이 바다 위를 걸어오시는 것이 뭐 그리 대단한 일일까요? 하나님, 다시는 두려워하지 않겠습니다. 나의 주는 전능하신 하나님이심을 기억하며 믿음으로 살아가겠습니다.

"하나님의 크신 능력을
 노래합니다"

하나님의 크신 능력을 노래합니다.
주는 산들이 솟아나게 하시고,
바다들이 흘러 널리 퍼져나가게 하셨으며,
드높은 창공을 지으셨습니다.
하나님의 지혜를 노래합니다.
주는 해로 날을 지배하게 하셨습니다.
주께서 명령하시니, 달이 환하게 빛을 발하고,
모든 별들이 복종합니다.

주의 선하심을 노래합니다.
주께서는 땅에 먹을 것이 가득하게 하셨고,
말씀으로 만물을 지으셨으며,
그런 후에도 그것들을 선하다고 하셨습니다.
내가 밟고 있는 땅을 굽어보아도,

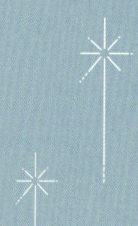

하늘을 우러러보아도,
주여, 내 눈이 닿는 곳마다
주께서 행하신 놀라운 일들이 펼쳐집니다.

아래에 있는 풀 한 포기나 꽃 한 송이까지
주의 영광을 드러내지 않는 것이 없습니다.
주의 보좌에서 나오는 지시에 따라
구름들이 일어나고, 폭풍이 붑니다.
주께 생명을 받은 만물이
늘 주의 돌보심 가운데 있고,
사람이 있는 모든 곳에는
주 하나님도 거기에 계십니다.

— 아이작 와츠(1674-1748)

 **추천의 글**

말씀을 뜨겁게 사랑하는 두 분이 만났습니다. 한 사람은 하나님의 말씀을 배우고자 열심을 내는 김소휘 집사이고, 다른 한 분은 하나님의 말씀을 깊이 묵상하며 글과 그림을 그리는 박유선 집사입니다.

믿음의 역사는 믿음의 동역자, 말씀의 동역자를 만날 때 일어납니다. 한 사람은 마태복음을 깊이 묵상하며 은혜의 우물에서 시원한 생수를 길어내고, 한 사람은 글과 그림을 통해 은혜를 눈으로 보여줍니다. 목회자가 아닌 성도로서 말씀을 묵상한 글을 책으로 펴낸다는 것이 결코 쉬운 일이 아닙니다. 그럼에도 받은 은혜를 나누며 전하고자 하는 열정과 열심에 추천하지 않을 수 없습니다.

이 책은 강해서나 설교집이 아닙니다. 말 그대로 마태복음을 묵상한 글이고, 그림입니다. 목사의 눈으로 볼 때 이 책은 어느 것에도 얽매이지 않은 영적인 자유함과 감미로운 영적인 터치가 너무 매력적입니다. 스트레스와 피로로 지친 현대 그리스도인들에게 이 글은 목마른 사슴이 시냇물을 발견한 것처럼 메말라 있는 영혼에 풍성한 생수를 공급해 줄 것입니다. 묵상집이라고 해서 다 똑같은 묵상집이 아닙니다. 이 글은 말씀과 함께 여러 책을 오랜 기간 읽으며 말씀을 뜨겁게 사랑한 성도의 묵상집이기에 깊이가 남다를 것입니다.

정화주 | 상록교회 담임목사

그림은 책의 내용을 이해하기에 더 친근하고 쉽게 느껴지게 합니다. 그림을 보면서 책 속의 이야기를 알게 되고, 글을 읽으면서 책 속의 이야기를 이해하게 됩니다. 그래서 글과 그림을 함께 전달하는 박유선 작가님의 책은 그림과 글이 일체가 되어 나의 이야기처럼 공감하며 읽게 되는 책입니다.

오정순 | 일러스트 아카데미 화심헌 대표

구원자를 기다렸던 구약 성도들의 꿈, 다시 오실 주님을 기다리는 우리들의 꿈, 책을 집필하는 저자와 읽는 독자들의 꿈. 이 책에는 많은 꿈이 담겨있습니다. 글과 그림으로 마태복음을 읽고 묵상하며 어느 순간 하나님의 꿈을 꾸는 '나'를 보게 됩니다.

김나빈 | 수영로교회 부목사, 로드맵 Press 편집장

그리스도인은 본을 보여야 합니다. 말씀을 읽고 기억하는 일상. 태도를 가다듬고 마음을 깨끗하게 하는 자기 정비. 어제의 나를 이기고 오늘 더 나은 사람이 되는 쇄신. 쉬지 않는 호흡처럼 멈추지 않는 믿음의 고백.
다른 성도들이 그의 삶을 보고 거룩한 삶에 대한 열망과 동기가 생겨나고, 지지와 격려 받는 것이 본을 보이는 삶이라 생각합니다. 제 믿음의 성장이 정체될 때, 이 책의 저자는 인내하는 기도의 본을 보이고 격려하여 다시 믿음의 계단을 올라갈 힘을 내게 했습니다. 저에게 나눠주었던 좋은 본보기와 독려가 이번에는 글이 되었습니다. 온유하되 단단한 저자의 믿음이 일상과 글에서 동일하게

나타나 기쁩니다.
무형의 생각과 믿음이 책이라는 견고한 실체가 되는 것은 두려운 일입니다. 삶을 활자로 못 박아 세상의 시선 앞에 선포하는 일이기 때문입니다. 묵상하고, 글로 쓰고, 책으로 내는 일 전체가 그리스도와 함께 못 박혀 그리스도가 사시는 삶을 재현하는 과정이었을 것입니다. 이 용기와 실행력이, 제가 경험한 것처럼 여러 믿음의 형제자매에게 그리스도인의 본과 격려가 되길 소망합니다.

정유정 | 작가, 상담사

이 책은 일상을 살아가는 우리를 잠시 멈춰 한 편의 영화를 보듯 성경을 읽도록 도와줍니다. 현대적 감각의 그림과 평이하게 풀어낸 글을 통해 한 번 더 말씀을 펼쳐보게 합니다. 그리고 내 생활을 들여다보며 숙고하게 했습니다. 성경적 삶을 실천하도록 이끌어주는 울림이 있는 책입니다.

박경선 | 좌산초등학교 교사

예수님은 오늘을 사는 우리에게 어떤 의미가 되시는가? 만일 삶의 여정을 예수님과 함께 걸을 수 있다면 그 경험의 값어치는 얼마로 매겨야 할까? 영화에 비유하면 세상 유일의 독보적 로드 버디물이 될 것이고, 문학으로 따지면 비밀에 쌓인 삶의 의미를 밝혀줄 최고의 지혜서가 될 것이다. 예수님과 함께 걷는 인생이보다 더 값진 경험이 또 있을까?

이런 질문들 앞에서 이 책이 우리에게 줄 수 있는 유익을 가늠해 보면 특별한 측면이 있다는 것을 알 수 있다. 왜냐하면 이 묵상집의 곳곳에는 글쓴이가 예수님과 함께 걷고 있는 삶의 여정의 편린들이 깊게 박혀있기 때문이다.

이 책은 결코 어려운 말로 독자를 혼란스럽게 하지 않는 장점을 가지고 있다. 짧고 가볍게 읽힌다. 그러나 글에 배어있는 묵상의 깊이는 감히 표현하기 어렵다. 지금도 현재진행형으로 예수님과 함께 걷고 있는 글쓴이의 묵상이 주는 울림을 읽는 이들에게도 느껴지기를, 그들의 삶 속에서도 예수님을 만나 동행하는 즐거움이 따르기를 기도해 본다.

특히 글쓴이와 같이 예수님을 향한 깊은 갈망과 소망을 가진 이의 여정이라면 더 큰 유익과 즐거움이 기다리고 있을 것이다. 특히 "예수님은 내 삶의 어떤 의미가 되시는가?"라는 질문을 품고 있는 독자가 있다면, 이 책을 통해 중요한 단서를 잡을 수 있을 것이라 생각하며 적극적으로 추천하는 바이다.

박기현 | 낮은자리교회 담임목사

김소휘 집사님은 '불쏘시개' 같습니다. 꺼져가는 신앙에 불을 다시 지펴주는, 아직 불붙지 않은 신앙에 불을 지펴주는 '불쏘시개' 같습니다.

실제로 제 신앙도 집사님을 만나 불이 붙을 수 있었다고 감히 이야기해 봅니다. 그 영향력이 글 속에도 녹아 있습니다. 한 구절, 한 구절 읽어 내려갈 때마다 가슴이 뜨거워집니다. 불쏘시개가 되어주신 집사님의 귀한 은사가 글을 통해 전해질 수 있게 되어 감사할 따름입니다. 신앙의 뜨거움을 아직 경험하지 못하신 분들이라면 꼭 읽어보시기를 추천드립니다. 이 글을 통해 미지근한 신앙이 활활 타오를 수 있기를 소망합니다.

정운주 | 부산명성교회 전도사

소중한 집사님이 쓴 글을 책으로 엮었다며 조심스럽게 보내 주신 초고 파일. 축하하는 마음, 기대감, 살짝 의무감으로 읽기 시작했는데, "낳고, 낳고, 낳고… 나시니라." 첫 페이지 첫 문장에서 울컥했다.
내가 아는 글쓴이는 '순종'보다는 '항복'이란 표현이 더 어울리는 사람이다. 그런 그가 그동안 머리로 만나왔던 하나님을 마음으로 만나기까지 하루하루 얼마나 치열하게 고민하고 거칠게 저항했을까 상상해 본다. 그 결과물인 글들이 이리도 보드랍고 편안하고 따뜻하다니…. 하나님의 자리를 아직도 하나님께 내어드리지 못한 이들에게 추천하고 싶은 책입니다.

오성애 | 수영로교회 집사

묵상은 언제나 즐겁습니다. 그런데 동역자의 묵상 글을 읽는 것이 이렇게 즐겁고 흥분될 일일 줄 몰랐습니다. 마치 구석진 동네에서 나만 아는 맛집을 발견한 느낌이라 할까요? 범람하는 신앙서적들 사이에서 김소휘 집사님의 묵상집은 저에게 참 새롭습니다.

성경에 대한 겸손한 태도, 말씀이 살아있게 하는 흥미로운 상상력, 정성스럽게 선택된 단어들 그리고 묵직한 울림 이를 통해 잔잔하게 들려주시는 달콤한 하나님의 음성에 귀를 기울이느라 도저히 속독을 할 수가 없었습니다.

"나로 하여금 주의 계명들의 길로 행하게 하소서 내가 이를 즐거워함이니이다"(시 119:35). 또 다른 말씀의 즐거움을 느끼고 싶다면, 그리고 더 나아가 말씀대로 살기 위해 몸부림치는 또 한 명의 그리스도인을 만나고 싶다면 이 책을 추천해 드립니다.

이사무엘 | 남양주교회 부목사

글쟁이 김소휘 집사는 구도자다. 그는 지독하게 하나님을 찾아 헤매었다. 그의 길이 비뚤빼뚤 굽어지고 꺾였지만 결국 하나님은 그리스도를 통해 그를 만나주셨다. 글 속에 드러난 그의 마음 한결을 조심스레 들여다 본다. 낯설지만은 않다. 그의 삶 속에 역사하는 삼위 하나님을 보았고, 보고 있기 때문이다.

좌충우돌, 하나님을 만나기 위해 떠난 길에서 대다수 구도자들은 쉬이 길을 잃는다. 길이신 예수를 통하지 않고 자신의 생각에 옳은 길로 하나님을 만나러 나섰기 때문이다.

그의 글 '마태복음' 묵상집을 보건대, 그는 그리스도라는 길 위에 충실하게 머무

르려 애쓴다. 생각이 번지는 대로의 묵상이 아니다. 향방을 잃은 펀치는 충격이 없다. 그의 글에서는 방향을 제대로 본 자의 묵직함이 느껴진다. 부드러운 문체 속에서 날선 마음의 결단과 결의가 보인다. "하나님, 주의 음성을 듣고도 헛된 고집을 부리지 않게 하옵소서. 순종하면 될 일을 순종하지 않기 위해 스스로 싸우지 않게 하옵소서. 주님이 말씀하실 때, "아멘" 하며 믿음의 모험을 떠날 용기를 주옵소서."

여기 그의 "믿음의 모험"의 결과물이 있다. "아멘" 하며 순종한 결과물이 있다. 그의 묵상이 주님의 말씀을 따라 "아멘"으로 순종한 결과물이라는 확신이 있기에 감히 추천한다.

최경규 | 한의원 원장

김소휘 집사님의 마태복음 묵상집은 나의 신앙생활을 되돌아보게 합니다. 세상으로 향했던 나의 시선이 주님을 향하게 합니다. 분주한 일상 속에서 뜨겁게 느끼지 못했던 예수님의 그 십자가 사랑을 다시 느낍니다. 하나님 없이 잘 살 것만 같았던 나의 교만한 마음을 회개의 자리로 이끌어갑니다.

김소휘 집사님을 통해 말씀을 더 깊이 묵상하게 되었고, 하나님을 더 가까이 만나게 되었습니다. 하나님을 만난 후 나의 삶은 완전히 변하였습니다.

이 책은 나를 더욱더 낮은 자리로 초대합니다. 예수님께서 어린 나귀를 타고 예루살렘에 입성하셨던 것 같이, 나의 마음을 내려놓고 낮은 곳으로 나아갑니다.

책을 읽으며 또다시 나의 삶은 변화합니다. 김소휘 집사님의 글은 깊고 뜨거운 묵상이 느껴지는 글입니다.

황은서 | 중2학년

글쓴이는 이십년지기 믿음의 친구다. 투박한 말투만큼이나 생짜배기였던 친구가 하나님의 시간 속에서 어느새 말씀과 더불어 춤을 추고 있다.

초고를 읽다가 눈물이 났다. 어느 날 문득 하나님의 말씀에 눈을 뜬 친구가 말씀을 더 깊이 알고자 얼마나 씨름을 했는지, 또 아는 대로 살아내고 싶어 얼마나 몸부림을 쳤는지 알기 때문에 느끼는 감동일 것이다. 그리고 하나님이 너무 좋아서 울었다. 미리 정하시고, 부르시고, 의롭다 하신 한 사람(롬 8:30)을 약속하신대로 친히 빚어 가시는 하나님의 열심과 그 신실하심이 원고를 넘길 때마다 온몸으로 전해져온다.

녹록치 않은 인생길, 그나마도 그리스도인의 삶은 좁고 협착한 길이다. 하지만 믿음의 길에서만 누리는 특별한 기쁨이 있다면, 하나님의 말씀에 담긴 비밀을 알아가는 즐거움일 것이다. 이 묵상집은 말씀을 통해 하나님과의 친밀한 사귐으로 인도하는 '미리보기'가 될 것 같다.

"너희 안에서 행하시는 이는 하나님이시니 자기의 기쁘신 뜻을 위하여 너희에게 소원을 두고 행하게 하시나니"(빌 2:13).

안효영 | 믿음의 친구, 맵스(주) 대표

참고도서

- 김기석, 『마태와 함께 예수를 따라』, 두란노

- 김서택, 『마태복음 강해』, 예찬사

- 김양재, 『마태복음』, 두란노

- 마이클 그린, 『마태복음 강해』, IVP

- 매튜 헨리, 『매튜헨리 주석 마태복음』, 크리스챤 다이제스트

- 묵상과 설교, 『마태복음』, 성서유니온

- 송병현, 『엑스포지멘터리 마태복음』, 이엠

- 스탠리 하우어워스, 『마태복음』, SFC

- 스튜어트 K. 위버, 『Main Idea로 푸는 마태복음』, 디모데

- 양용의, 『마태복음 어떻게 읽을 것인가』, 성서유니온

- 윌리엄 바클레이, 『성경 주석 마태복음』, 기독교문사

- 존 맥아더, 『주님 없는 복음』, 생명의말씀사

- 찰스 스윈돌, 『신약 인사이트 시리즈 마태복음』, 디모데

- 칼빈, 『칼빈 주석 공관복음』, 크리스챤 다이제스트

- 하용조, 『마태복음 강해』, 두란노